Kindler
Taschenbücher

Geist und Psyche

Medard Boss
Sinn und Gehalt der sexuellen Perversionen

Ein daseinsanalytischer Beitrag zur Psychopathologie des Phänomens der Liebe

Kindler
Taschenbücher

Kindler Verlag GmbH, München
Ungekürzte Ausgabe
Lizenzausgabe mit Genehmigung des
Verlags Hans Huber, Bern/Stuttgart
Redaktion: Dieter Lang
Korrekturen: Franz J. Keutler
Umschlaggestaltung: Dieter Vollendorf
Druck und Buchbinderei: Druckhaus Neue PRESSE Coburg
Printed in Germany
ISBN 3 463 18080 4

INHALTSVERZEICHNIS

Vorwort zur zweiten Auflage

Das große Interesse, dem dieses Buch in der Welt der wissenschaftlichen Psychologie und Psychopathologie begegnete, und
die Bedeutung, die ihm seine Kritiker beimaßen, auferlegten
mir die Pflicht, bei der Vorbereitung seiner zweiten Auflage
noch einmal alle jene Stellen durchzudenken, deren Formulierung mir nicht unmißverständlich gelungen war. Ich sah
mich schließlich vor allem zu zwei Erweiterungen des ursprünglichen Textes gezwungen. Einmal schien es mir dem
Verständnis meiner Absichten förderlich zu sein, den bisherigen Entwicklungsweg der Theorien über die sexuellen Perversionen etwas ausführlicher darzustellen. Dadurch hoffte ich,
noch deutlicher machen zu können, wie dieser Weg von der
klassischen psychoanalytischen Psycho-Physik über deren Verwandlung in eine psychoanalytische Ich-Psychologie einerseits
und über die Auffassungen der sogenannten anthropologischen Untersucher andererseits zur daseinsanalytischen Betrachtungsweise hinführt. Jetzt dürfte gleich von allem Anfang
an das schwerwiegende Mißverständnis unmöglich geworden
sein, die daseinsanalytische Betrachtungsweise bedeute einen
Rückfall in eine bloße »Bewußtseins-Psychologie« und stünde
der psychoanalytischen, auf unbewußtem Material fußenden
Konzeption »feindlich« gegenüber. In Wirklichkeit berücksich-
tigt die daseinsanalytische Betrachtungsweise »das Vorbewußte«
und »das Unbewußte« nicht weniger als alles vom Kranken
bereits Gewußte. Gerade deshalb vermag sie aber auch alle
früheren Einsichten in sich aufzunehmen und eine diese als
Teilaspekte tragende Verstehensbasis zu bilden.

Nun sollte auch der Umstand, daß mehr und mehr die
gewohnte psychoanalytische Terminologie vermieden wurde,
nicht mehr länger diesem Mißverständnis Vorschub leisten.
Denn die offenere, vorsichtigere daseinsanalytische Ausdrucks-

weise wurde nur darum bevorzugt, weil die psychoanalytische *Theorie* mit ihren abstrakten Begriffen eines »Es«, eines »Ichs«, eines »Überichs« usw. nur allzu leicht zu einer gefährlichen Versachlichung, Vergegenständlichung und künstlichen Zerstückelung des Menschen verführt. Die klassische psychoanalytische *Praxis* und Technik freilich wird von diesen Einwänden überhaupt nicht berührt. Sie hat sich auch mir stets als das unübertreffliche Verfahren bewährt, um meinen Kranken die von ihnen zunächst nicht gewußten, pathologisch verstimmten, ihre Welt- und Selbsterfahrungen je und je bestimmenden Grundbefindlichkeiten greifbar und damit auch therapeutisch angreifbar zu machen.

Ich erweiterte ferner im ersten Teil des Buches den Abschnitt über die »Psychologischen Bemerkungen zur Norm der Liebe«. Ich versuchte dabei, die Phänomene des Liebens noch ursprünglicher auf die fundamentalen Wesensstrukturen des menschlichen Daseins zu beziehen, so wie sie uns MARTIN HEIDEGGER aufgezeigt hat. Je tiefer die Einsichten in das Wesen des menschlichen Liebens überhaupt zu dringen vermögen, um so weiter öffnet sich auch der Verstehenshorizont für die Phänomene der sexuellen Perversionen.

Den zweiten Teil des Buches, in dem die konkreten Einzelschicksale sexuell perverser Menschen beschrieben werden, durfte ich im großen und ganzen unverändert lassen. Alle die sexuell perversen Kranken, in deren Lebensgeschichte mich die psychoanalytische Praxis seit der Publikation der ersten Auflage noch hatte Einblick gewinnen lassen, haben mir nur immer wieder die volle Bestätigung dieser Darstellungen gebracht.

Zürich, im Frühjahr 1951.   MEDARD BOSS

Vorwort zur dritten Auflage

Seit den Tagen, da die vorliegende Schrift zum erstenmal in den Druck ging, sind zwanzig Jahre vergangen. Im Verlauf dieser langen Zeit sind dem Autor noch Dutzende von neuen Kranken, die an sexuellen Perversionen litten, zu Gesicht gekommen. Einige von ihnen hatte er selbst zu behandeln; der größte Teil waren Kranke, deren Therapie von seinen Schülern durchgeführt wurde, alle aber unter seiner ständigen Kontrolle.

Keine einzige dieser weiteren zwanzigjährigen Erfahrungen widersprach in irgend einer grundsätzlichen Weise dem schon in der ersten Auflage dieses Buches beschriebenen Sinn und Gehalt der sexuellen Perversionen. Darin darf füglich ein überzeugender Beleg mehr für die Stichhaltigkeit der damals gewonnenen Einsichten erblickt werden.

Andererseits würde es für eine unverzeihliche geistige Trägheit des Autors zeugen, wären ihm in der Zwischenzeit nicht eine noch zutreffendere gedankliche Fassung und klarere Fundierung der vor zwei Jahrzehnten erblickten Sachverhalte möglich geworden. »Sinn und Gehalt der sexuellen Perversionen« entstand ja als eine allererste Frucht der Berührung meiner ärztlich-psychiatrischen Erfahrungen mit dem neuen Menschenverständnis, das wir der philosophischen Daseinsanalytik MARTIN HEIDEGGERS zu verdanken haben. Diese nun schon drei Jahrzehnte dauernde Auseinandersetzung der Psychiatrie mit der Daseinsanalytik war aber besonders an ihrem Beginn durch einige grundlegende und überaus verwirrende Mißverständnisse von Seiten der Ärzte gekennzeichnet.

Schuld an diesen Mißverständnissen war vor allem das Nachwirken der »Phänomenologie« HUSSERLS bei den ärztlichen Vertretern der neu aufkommenden »psychiatrischen Daseinsanalytik«. HUSSERLS »Phänomenologie« aber ist eine solche des Ich-Bewußtseins und bleibt damit der Vorstellung vom Menschen als einer Subjektivität verhaftet. Dagegen legt der alles bestimmende Entwurf des Menschseins als »Dasein«, wie ihn HEIDEGGER in seiner Daseinsanalytik herauskristallisierte, in schärfstem Gegensatz dazu alles darauf an, diese subjektivistische Vorstellung zu sprengen; besser: gar nicht erst aufkommen zu lassen.

Schuld an den verwirrenden Mißverständnissen der frühen »daseinsanalytischen« Psychiater war ferner deren ständige Verkennung der ontologischen Bestimmungen des Menschseins in der Daseinsanalytik HEIDEGGERS als ontische Feststellungen am menschlichen Verhalten. Aus solcher Verwechslung erwuchs die Unmöglichkeit eines geklärten Verständnisses für das Verhältnis zwischen wesenhafter, ontologischer Aussage über das Menschsein und den ontisch-psychiatrisch feststellbaren menschlichen Phänomenen.

Glücklicherweise erfolgte die notwendige Klärung dieser psychiatrischen Verwirrung in den letzten Jahren zugleich von den beiden einzig maßgeblichen Seiten her. Einmal wagte 1958 LUDWIG BINSWANGER, dem das bleibende Verdienst zukommt, als erster die Psychiater auf das epochemachende Werk MARTIN HEIDEGGERS aufmerksam gemacht zu haben, das überaus mutige öffentliche Eingeständnis, er habe in der Tat HEIDEGGERS Denken mißverstanden. Folgerichtig ließ BINSWANGER seither auch immer konsequenter die seinerzeit aus HEIDEGGERS Werk »Sein und Zeit« übernommenen Bezeichnungen »Daseinsanalyse« und »daseinsanalytisch« als Titel für seine eigenen Arbeiten fallen und bezog sich von da an nur mehr auf HUSSERLS »Phänomenologie«. Durch diesen seltenen wissenschaftlichen und menschlichen Mut gebot BINSWANGER nach Möglichkeit dem Weiterwuchern des gedanklichen Durcheinanders Einhalt, das namentlich bei den Lernenden deshalb zustande kommen mußte, weil anfänglich gleichlautende Titel für zwei völlig voneinander verschiedene Auffassungen vom Grundwesen des Menschen verwendet wurden.

Zum andern kommen seit rund fünf Jahren die angehenden Zürcher Psychiater in den Genuß regelmäßiger Seminarien, die HEIDEGGER selbst zwei- bis dreimal im Semester in

Zusammenarbeit mit dem Autor dieser Schrift in Zollikon bei Zürich abhält. Bei diesen Gelegenheiten wird auch HEIDEGGER nicht müde, den Psychiatern zu bestätigen, daß das von LUDWIG BINSWANGER in die Psychiatrie eingeführte Vorstellen nichts mit seinem daseinsanalytischen Verständnis zu tun habe. Es könne vielmehr gar keinen größeren Irrtum geben als den, den BINSWANGER mit seiner Charakterisierung der Daseinsanalytik als einer äußerst konsequenten Fortsetzung der Lehre von KANT und HUSSERL begangen habe.

So ist denn von den beiden kompetentesten Stellen her mit aller wünschenswerten Deutlichkeit klargestellt worden, welche Art von psychiatrischer Arbeit überhaupt etwas mit HEIDEGGERS Daseinsanalytik und seinen einzelnen Daseinsanalysen zu tun hat und welche nicht mit seiner Sicht in Zusammenhang gebracht werden können, denen deshalb auch der Titel »daseinsanalytisch« von der Sache her nicht zusteht, weil er von seinem Schöpfer für eine ganz andere Denk- und Sehweise erfunden wurde.

Weil hierüber nun kein Zweifel mehr möglich ist, steht zu erwarten, daß dem vorbildlichen Vorgehen L. BINSWANGERS bald auch dessen zögernde Schüler nachfolgen werden. Auch sie werden demnächst ihre wissenschaftliche Arbeitsweise nicht länger eine »daseinsanalytische« nennen wollen, sondern werden für sie einen anderen Namen zu finden suchen.

Eine reinliche, auch nomenklatorisch festgemachte Scheidung vom daseinsanalytischen Zugang zu den psychopathologischen Phänomenen kann ihnen schon deshalb nicht schwer fallen, weil mit einem solch offenen Zugeständnis der Andersartigkeit ihrer Untersuchungsmethode gegenüber jener von HEIDEGGERS Daseinsanalytik und den faktisch in dieser gründenden psychiatrischen Daseinsanalysen noch nicht das geringste über einen möglichen qualitativen Unterschied in der Angemessenheit der einen und anderen Sicht an die Sache der Psychiatrie und hinsichtlich ihrer Fruchtbarkeit für diese präjudiziert ist.

An den bedeutsamen Ereignissen, die sich im Laufe des

vergangenen Jahrzehnts auf dem Gebiete der Psychiatrie ab-
spielten, durfte selbstverständlich auch die Vorbereitung der
dritten Auflage von »Sinn und Gehalt der sexuellen Perversionen« nicht achtlos vorbeigehen, ließ doch HEIDEGGERS persönliche, fortlaufende Auseinandersetzung mit der psychiatrischen Disziplin eine für diese entscheidende Differenzierung
zwischen zwei grundlegenden Sachverhalten mit früher nicht
gekannter Präzision vollziehen. Es kann jetzt klarer als zuvor die philosophisch-ontologische Daseinsanalytik und deren
Vollzug in Gestalt der einzelnen ontologischen Daseinsanalysen, wie sie in »Sein und Zeit« erarbeitet worden waren, von
einer ontisch-daseinsanalytischen Psychopathologie und deren
Vollzug in Beschreibungen und Interpretationen konkreter,
psychiatrisch feststellbarer menschlicher Verhaltensweisen un-
terschieden werden, die sich als solche im Horizont jener philo-
sophisch-ontologischen Daseinsanalytik und Daseinsanalyse be-
wegen.

Alle diese grundlegenden Klärungen hinsichtlich des Ver-
hältnisses zwischen Philosophie und Psychiatrie machten eine
wesentliche Umarbeitung der ersten Kapitel des vorliegenden
Buches unumgänglich, zielen diese doch auf eine Wesensbestimmung des normgemäßen menschlichen Liebenkönnens ab. Eine
solch grundlegende Besinnung war von Anfang an unerläßlich,
sollten die folgenden Abschnitte, die die psychopathologischen
Liebesphänomene behandeln, nicht in der Luft hängen bleiben, sondern auf einem tragenden Grund und Boden zu stehen kommen. Alles krankhafte Verhalten ist ja immer nur
sachgemäß als eine Privationserscheinung der normgemäßen
Beziehungsmöglichkeiten, also als ein Mangel an Gesundheit
zu begreifen. Als Privationsphänomen, als ein Mangelzustand
an Gesundheit bleibt alles Krankhafte stets und notwendigerweise auf das normgemäße, gesunde Menschsein als seine
Basis bezogen. Das normgemäße Liebenkönnen seinerseits ist
immer nur eine der möglichen Vollzugsweisen des Menschseins im ganzen. Darum ist für ein rechtes Begreifen des
normgemäßen wie auch allen pathologischen Liebesverhaltens

eine Einsicht in die Wesenszüge, in die spezifische Seinsart, in die Grundnatur des Menschseins im ganzen die unabdingbare Voraussetzung. Man hat sich, mit anderen Worten, auch bei aller psychologisch-psychiatrischen Forschung stets vorgängig in bezug auf eine zureichende ontologische Bestimmung ins klare zu bringen. Alles faktisch feststellbare menschliche Verhalten wird von den in den ontologischen Bestimmungen artikulierten Wesenszügen des Menschseins als von seinem Eigensten schon immer und ständig durchwaltet. Deshalb darf nie die bequeme Rede davon sein, das ontologische Denken vom ontisch-psychiatrischen Beobachten und Interpretieren trennen und jenes ganz den Philosophen überlassen zu wollen.

Freilich ist und bleibt stets die eigentliche Ausarbeitung und Sichtbarmachung der ontologischen Bestimmungen des Menschseins die Aufgabe der wesentlichen Denker, der Philosophen und kann nie das Geschäft der ärztlichen Psychopathologen oder der wissenschaftlichen Psychologen sein. Auf diese grundlegende Vorarbeit der Denker sind deshalb alle Psychologen und Psychiater, auch alle Sexualpathologen angewiesen. Es zeugt von einer in ihrer Oberflächlichkeit überaus gefährlichen Verkennung der eigenen Möglichkeiten psychologischer und psychiatrischer Autoren, wenn immer wieder einer psychiatrischen Betrachtungsweise daraus ein Vorwurf gemacht wird, daß sie sich streng im Horizonte von Wesenseinsichten bewegt, die sie dem Denken eines Philosophen verdankt.

Im Bereiche der dem allgemeinen Teil des Buches folgenden Darstellung von acht konkreten Krankengeschichten sexuell perverser Menschen waren indessen auf Grund der Neubearbeitung der Einführungskapitel verhältnismäßig wenige Änderungen vonnöten. Immerhin sind auch die Neuformulierungen hier einschneidend genug, um erhoffen zu lassen, daß sie ebenfalls mithelfen werden, den Sinn und Gehalt der sexuellen Perversionen, wie sie den Kranken selbst abgelauscht und ihrer wesentlichen Bedeutung nach schon in der ersten Auflage dargestellt worden waren, jetzt noch viel reiner und plastischer hervortreten zu lassen.

Im August 1966.   MEDARD BOSS

I. Einleitung

Die Psychopathologie verfügt heute über zwei und nur zwei Betrachtungsweisen, die den Versuch wagten, die ungeheure Vielfalt und die überaus reiche Mannigfaltigkeit der sexuellen Perversionen unter einheitlichen Gesichtspunkten zusammenzufassen und ihr Wesen theoretisch eindeutig zu bestimmen. Wir meinen die psychoanalytische Theorie S. FREUDS und seiner Schüler einerseits, die sogenannte »anthropologische« Perversionstheorie im Sinne von E. V. VON GEBSATTEL, E. STRAUS, H. KUNZ und zum Teil auch von O. SCHWARZ anderseits.

Die große Zahl anderer Untersuchungen, die außerhalb dieser beiden Forschungsrichtungen liegen, förderten wohl eine Menge kasuistischen Materials zutage und verstanden es auch, ihre Fakten minutiös zu registrieren und zu klassifizieren. In ihren meist nur sehr allgemeinen und unbestimmten, manchmal auch bewußt spekulierenden Erklärungen über das Wesen der sexuellen Perversionen jedoch kamen sie nicht über theoretische Ansätze hinaus. Wir brauchen nur, um diese Feststellung zu belegen, an die Lehren der bedeutendsten voranalytischen Perversionsforscher zu erinnern, etwa an KRAFFT-EBINGS [1] unbewiesene Degenerationslehre, an BINETS [2] bloß vordergründigen »Accident agissant sur un sujet prédisposé«, auf den er jede sexuelle Perversion glaubte letzten Endes zurückführen zu können, an BLOCHS [3] vage Idee von dem ursächlichen physiologischen Variationsbedürfnis des Menschen in geschlechtlichen Dingen oder gar an die organologischen Vermutungen eines G. JAEGER, eines HERMANN, eines B. FRIEDLÄNDER, eines MANTEGAZZA [4] mit ihren Disharmonien der »Seelenstoffe«, ihren Isolationsstörungen des elektrochemi-

---

[1] KRAFFT-EBING: Psychopathia sexualis. Stuttgart 1907.
[2] BINET: Du Fetichisme dans l'amour, Rev. philosophique 1887.
[3] J. BLOCH: Das Sexualleben unserer Zeit. Berlin 1909.
[4] zit. nach M. HIRSCHFELD: Die Homosexualität des Mannes und des Weibes. Berlin 1914, S. 366.

schen Körpersystems und ihren anatomischen Nervenanomalien. Diese Hinweise dürften vollauf genügen, um tatsächlich mit H. KUNZ[5] behaupten zu können, daß es eine präzise Theorie der sexuellen Perversionen erst seit FREUDS »Drei Abhandlungen zur Sexualtheorie«[6] gebe. Aber auch nach den grundlegenden Entdeckungen der Psychoanalyse mußten selbst ehemalige Schüler FREUDS, die sich wieder von seiner Theorie lossagten, ihre Abtrünnigkeit in bezug auf die Theorien der sexuellen Perversionen mit einem erstaunlichen Verlust an Erkenntnistiefe büßen, unbeschadet der wissenschaftlichen Bereicherungen, die sie zweifellos auf anderen Gebieten brachten. Wenn z. B. A. ADLER später »das Gemeinsame an den Erscheinungen jeder sexuellen Perversion (Homosexualität, Masochismus, Masturbation, Fetischismus usw.)« nur mehr darin sieht, daß »sie eine Revolte gegen die Einfügung in die normale Geschlechtsrolle« andeuten und »sich als einen planmäßigen, aber unbewußten Kunstgriff zur Erhöhung des eigenen gesunkenen Persönlichkeitsgefühls« erweisen, oder daß sie von Männern gar lediglich »eingeleitet und erprobt werden als kompensatorische Strebungen zur Behebung eines Gefühles der Minderwertigkeit gegenüber der überschätzten Macht der Frau«[7], so kann man diese »Erklärungen« im Vergleich zu FREUDS höchst differenziertem theoretischem Gebäude nicht gut anders als einseitige Simplifizierungen nennen. Nicht weniger einfach machte es sich O. RANK. Er möchte kurzweg sämtliche Perversionen aus der infantilen Ursituation im Mutterleib ableiten. Vom Exhibitionisten etwa behauptet RANK, er sei ein Mensch, der »in den paradiesischen Urzustand der Nacktheit zurückkehren will, in dem er vor der Geburt lebte und den das Kind darum so liebt«. Ferner nimmt er für den Masochismus an, »daß es sich hier um die Umwandlung der Geburts-

---

[5] H. KUNZ: Zur Theorie der Perversion, Monatsschr. f. Psychiatrie, Bd. 105 (1942), S. 1.
[6] S. FREUD: Drei Abhandlungen zur Sexualtheorie, 1905, Ges. Schr., Bd. V.
[7] A. ADLER: Das Problem der Homosexualität. München 1917.

schmerzen (Schlagephantasien) in lustvolle Empfindungen handelt, was sich aus anderen typischen Elementen der masochistischen Phantasien erklärt, wie der fast regelmäßigen Fesselung als teilweiser Wiederherstellung der intrauterinen Lustsituation der Unbeweglichkeit...« [8]. Schließlich entspringt auch W. Stekels Deklaration des Fetischismus zu einer Zwangsneurose eher einer bloßen Wortassoziation als einer tieferen Wesenserkenntnis. Er weiß nämlich seine Auffassung durch nichts anderes als durch den Hinweis zu stützen, daß sich doch viele dieser Perversen mit ihren Fetischen einschnüren und einzwängen würden [9].

Kein Wunder, daß gerade die erfahrensten und gewissenhaftesten Sexualpathologen der neueren Zeit, die sich weder die Freudsche Theorie der sexuellen Perversionen zu eigen, noch sich mit der »anthropologischen« Betrachtungsweise vertraut gemacht haben, theoretisch vollständig resignieren. M. Marcuse [10] z. B. erinnert alle jene, die sich mit einer allgemeinen Konstitutionsvorstellung zufrieden geben, daran, daß die meisten der qualitativen Abweichungen der Sexualität im Sinne der sexuellen Perversionen nicht einmal die *Voraussetzungen* konstitutionell-endogener Natur erfüllen, namentlich nicht in bezug auf die spezifisch-perverse Erscheinungsart. Genau dasselbe meint auch R. Dalbiez [11] von den Perversionen »en ce qui concerne leur élément spécifique et régulateur«. A. Kronfeld [12] muß ganz allgemein zugestehen: »So ist es bisher nicht möglich gewesen, die Perversionen anders zu klassifizieren und zu beschreiben als an Hand der völlig äußer-

---

[8] O. RANK: Das Trauma der Geburt. Leipzig, Wien, Zürich 1924, S. 33 ff.

[9] W. STEKEL: Zur Psychologie und Therapie des Fetischismus, Zentralbl. f. Psychoanalyse, Bd. 4 (1913/14), S. 119.

[10] MARCUSE: Sexualpathologie, Perversionen, im Handwörterbuch der med. Psychologie, herausg. v. K. BIRNBAUM. Leipzig 1930, S. 553.

[11] R. DALBIEZ: La Méthode psychoanalytique et la Doctrine freudienne, II. Paris 1936, S. 294.

[12] A. KRONFELD: Sexualpathologie. Leipzig, Wien 1923, S. 30.

lichen, gegenständlichen Gebundenheit und der Ausdrucksform in äußerer Handlung; weder vermag man sie nach ihrer psychologischen Struktur einzuteilen, noch nach ihrer Psychogenese, noch nach ihrer Grundlage in charakterologischer Hinsicht ... Man muß daher schon bei den äußerlichen Einteilungsmitteln verbleiben, ohne sich zu stoßen, daß selbst die Terminologie eine recht zufällige und unzulängliche ist.«

Nun stellen aber die beiden einzigen Betrachtungsweisen, die Anspruch auf den Namen einer »Theoria« der sexuellen Perversionen erheben dürfen, derart unterschiedliche Aspekte heraus, ja führen in manchen Beziehungen zu so entgegengesetzten Wesensbestimmungen, daß sich zum vorneherein mindestens die eine von ihnen irren muß. Unsere Beobachtungen, die wir der vorliegenden Arbeit zugrunde legen können, werden uns sogar zwingen, aufzuzeigen, daß beide zugleich, die psychoanalytische Theorie sowohl wie die »anthropologische«, nicht die volle Wirklichkeit der sexuell-perversen Phänomene zu erfassen vermögen. Sie verfehlen diese, wie sich letzten Endes ergeben wird, vor allem darum, weil sie beide, jede allerdings auf ihre eigene Weise, dem Phänomen der Liebe eine nicht adäquate Behandlung zuteil werden lassen. Daß eine Verständnislücke gerade an dieser Stelle bei Untersuchungen über Liebesstörungen, wie es die sexuellen Perversionen sind, nicht ohne besonders schwerwiegende Konsequenzen für den Erkenntniswert theoretischer Ableitungen und Interpretationen bleiben kann, liegt auf der Hand. Es wird deshalb unser erstes Anliegen sein, anhand einer Übersicht über die wesentlichen Formulierungen der psychoanalytischen und der »anthropologischen« Perversionstheorie deutlich zu machen, welcher Art diese Folgen faktisch waren.

II. Die psychoanalytische Perversionstheorie

Die psychoanalytische Perversionstheorie imponiert durch ihre großartige Geschlossenheit und Einheitlichkeit. Sie verdankt diese Überlegenheit allen früheren Erklärungsversuchen gegenüber in erster Linie der Kühnheit und Unerbittlichkeit, mit der FREUD die klassische, naturwissenschaftlich-physikalische Denkmethode auch an die Erscheinung des Menschen herantrug. Diese Denkmethode jedoch schreibt dogmatisch zum vornherein allem, was ist, den Charakter von Gegenständen zu, die an je bestimmten Stellen eines vorgegebenen, homogenen Weltraumes vorhanden sein und gegenseitig aufeinander in gesetzmäßig berechenbarer Weise einwirken sollen. So außerordentlich große Erfolge diese naturwissenschaftliche Denkmethode im Manipulierenkönnen des menschlichen Körperbereiches gezeitigt hatte, so war diese rein vom Körperlichen her denkende Medizin vor FREUD gerade bei den Phänomenen der sexuellen Perversionen ebenso wie bei denen der Hysterie an die Grenzen ihrer Leistungsfähigkeit gestoßen. FREUD schien es beschieden zu sein, diese Grenzen des naturwissenschaftlichen Menschenverständnisses dadurch erweitern zu können, daß er sich einfach noch einen der körperlichen Apparatur analogen psychischen Organismus, einen psychischen Apparat ausdachte. Diese gedankliche Konstruktion stockte er als das den seelischen Phänomenen des Menschseins zugrundeliegende Trägerding auf den Körper auf. Indem er des weiteren annahm, daß nun innerhalb dieser »Psyche« eine Großzahl psychodynamischer Mechanismen ablaufe, glaubte er, alle normalen und pathologischen Psychismen erklären und ursächlich von supponierten Kräften ableiten zu können.

Bei der Konstruktion und Supposition solcher psychodynamischer Mechanismen innerhalb eines angenommenen psychischen Apparates dienten FREUD namentlich die sexuellen Perversionen als besonders wichtige Ausgangsphänomene. Denn er glaubte, feststellen zu können, daß nicht nur einige Erwachsene sexuell pervers seien, sondern daß alle Kinder »unter dem Einfluß der Verführung polymorph pervers, zu allen möglichen Überschreitungen verleitet werden könnten«. Dies zeige, führt FREUD an der gleichen Stelle seiner grundlegenden »Drei Abhandlungen zur Sexualtheorie« vom Kinde ganz allgemein aus, »daß es eine Eignung dazu in seiner Anlage mitbringt. Diese Ausführung findet darum geringe Widerstände, weil die seelischen Dämme gegen sexuelle Ausschreitungen, Scham, Ekel und Moral, je nach Alter des Kindes, noch nicht aufgeführt oder erst in Bildung begriffen sind. Das Kind verhält sich hierin nicht anders«, schließt er, »als etwa das unkultivierte Durchschnittsweib, bei dem die nämliche polymorph-perverse Veranlagung erhalten bleibt. Dieses kann unter gewöhnlichen Bedingungen etwa sexuell normal bleiben, unter der Leitung eines geschickten Verführers wird es an allen Perversionen Geschmack finden und dieselben für seine sexuellen Betätigungen festhalten. Die nämliche polymorphe, also infantile Anlage beutet dann die Dirne für ihre Berufstätigkeit aus, und bei der riesigen Anzahl der prostituierten Frauen und solchen, denen man die Eignung zur Prostitution zusprechen muß, obwohl sie dem Beruf entgangen sind, wird es endgültig unmöglich, in der gleichmäßigen Anlage zu allen Perversionen nicht das allgemein Menschliche und Ursprüngliche zu erkennen« [1].

Diesen allgemein menschlichen, primären Neigungen zu allen möglichen Perversionen supponierte FREUD nun je eine gesonderte Triebkraft, einen »Partialtrieb« als deren eigentliche Ursache. Aus der Vielheit dieser Triebe baute er sich dann seine Trieblehre auf. Daß er hierauf sogleich, um nur ja nicht der Verankerung in der alten, »sicheren« und »soliden«, somatozentrischen Medizin verlustig zu gehen, alle diese Kräfte wieder auf physische Erregungen der sogenannten erogenen Körperzonen zurückführte, braucht uns in unserem jetzigen Zusammenhang nicht weiter zu beschäftigen. Jedenfalls war es ihm nun auf Grund seiner gedanklichen Triebkon-

---

[1] Drei Abhandlungen zur Sexualtheorie, Ges. Schr., Bd. V, S. 65 f.

struktionen ein leichtes, die Perversionen der Erwachsenen theoretisch zunächst als eine einfache Persistenz einzelner, sich der Integration zu normaler heterosexueller Genitalität widersetzender Partialtriebe, als eine »Fixierung der infantilen Neigungen« (a. a. O., S. 107, Anm.) zu erklären und sie als »sexuelle Infantilismen« (FENICHEL) zu betrachten. Die weitere Beobachtung zwang freilich die psychoanalytische Theorie in der Folgezeit, die sexuellen Perversionen in ihrer großen Mehrzahl genau so wie die Hysterie und die Zwangsneurose als sekundäre Regressions- und Verdrängungserscheinungen aufzufassen, und zwar als Verdrängungsprodukte, die bei den verschiedensten Perversionsformen stets in ganz stereotyper Weise durch besonders wirksame Ödipus- und Kastrationskomplexe erzwungen werden[2].

Weder diese Entwicklung, noch FREUDS allgemeine, spätere Revision seiner Libidolehre durch die Einführung des Todestriebes[3] veränderten jedoch den Grundcharakter der psychoanalytischen Perversionstheorie in solchem Maße, daß für unsere Zwecke ein Eingehen auf Einzelheiten dieser Umgestaltung notwendig wäre. Denn ihr Grundcharakter bleibt weiterhin dadurch bestimmt, daß sie sämtliche menschliche Liebes-

---

[2] Über die verschlungenen Mechanismen und Dynamismen, die der psychoanalytischen Theorie entsprechend, am Entstehen einer sexuellen Perversion beteiligt sind, orientieren neben den Anmerkungen zu den Drei Abhandlungen zur Sexualtheorie (Ges. Schr., Bd. V, S. 107) FREUDS weitere Arbeiten: Über einige neurotische Mechanismen bei Eifersucht, Paranoia und Homosexualität, Ges. Schr., Bd. V, S. 387; Das ökonomische Problem des Masochismus, Bd. V, S. 374; Fetischismus, Bd. XI, S. 394; Ein Kind wird geschlagen, Bd. V, S. 344; Die Psychogenese eines Falles von weiblicher Homosexualität, Bd. V, S. 312; ferner die Arbeiten von I. SADGER: Die Lehre von den Geschlechtsverirrungen (Psychopathia sexualis) auf psychoanalytischer Grundlage. Leipzig und Wien 1921. H. SACHS: Zur Genese der Perversionen, Int. Zschr. f. Psychoanalyse, Bd. 19 (1923), S. 172, und in besonderer Übersichtlichkeit und mit vollständiger psychoanalytischer Literaturangabe O. FENICHEL: Perversionen, Psychosen, Charakterstörungen. Wien 1931.

[3] S. FREUD: Jenseits des Lustprinzips, Ges. Schr., Bd. VI, S. 189.

phänomene auf angenommene Triebe und Partialtriebe reduziert und daß sie jene von diesen kausalgenetisch glaubt ableiten zu dürfen. Dazu bedarf die psychoanalytische Perversionstheorie auch in ihren jüngsten Differenzierungen noch der vielfältigsten Vorstellungen supponierter psychodynamischer Mechanismen, die sie gedanklich in das psychische System eines sogenannten »Unbewußten« hineinverlegt. Es ist nicht zu bestreiten, daß FREUDS Partialtrieb-Suppositionen ein gedankliches Instrumentarium von großer Handlichkeit darstellen, mit dessen Hilfe auch alle sexuell perversen Phänomene sich fast spielend erklären lassen. So kann die psychoanalytische Theorie in ihnen jetzt etwa eine unvollkommene Triebmischung oder eine Verfallserscheinung von Mischungen [4], kann in ihnen Triebverschränkungen (A. ADLER), Verschiebungen und Kopplungen (H. SCHULTZ-HENCKE), eine Amphimixils (FERENCZI), aber auch Erotisierungen und Desexualisierungen oder Neutralisierungen der verschiedenen Partialtriebe sehen. Ja, es gelangen sogar Darstellungen perverser Phänomene in beinahe exakt quantitativ-physikalischen Gleichungen. So etwa, wenn F. ALEXANDER die Triebformel FREUDS von der Erotisierung des im Masochismus gegen die eigene Person gewandten Destruktionstriebes noch weiter zuspitzt zur Aussage: »Die zur Neutralisierung des Vaterhasses notwendige *Menge* von Erostrieb wird aus den sinnlich-genitalen Strebungen zur Mutter entnommen, indem diese desexualisiert oder anders gesagt, zu einer zärtlichen Bindung sublimiert werden [5].«

Diese gedanklichen Konstruktionen und triebdynamischen Suppositionen beeindruckten zu ihrer Zeit sogar den Philosophen MAX SCHELER in so hohem Maße, daß er FREUD zugestand: »Er (FREUD) vermochte so eine Menge seelischer Erkrankungsformen, z. B. auch viele Arten von geschlechtlichen Perversionen noch genetisch zu verstehen, die man früher ohne

---

[4] S. FREUD: Neue Folge der Vorlesungen zur Einführung in die Psychoanalyse. Wien 1933, S. 145.
[5] F. ALEXANDER: Psychoanalyse der Gesamtpersönlichkeit. Leipzig, Wien, Zürich 1927, S. 225.

weiteres einer angeborenen ›Anlage‹ zuschrieb — hiermit natürlich auch auf jeden Versuch, die kranken Individuen zu heilen, Verzicht leistend[6].«

III. Zur Kritik der psychoanalytischen Perversionstheorie

So »exakt« die naturwissenschaftlichen Erklärungsversuche der psychoanalytischen Perversionstheorie auf der einen Seite sind, so läßt sich FREUD auf der anderen Seite eine gewisse Sorglosigkeit in terminologischer und phänomenologischer Beziehung zuschulden kommen. Unzweifelhaft hat sich FREUD selbst zum Beispiel nicht immer an seine Definition der sexuellen Perversionen gehalten. Noch weniger taten dies viele seiner Schüler, obgleich diese Definition so scharf und klar ist, daß wir sie den Bereich unserer eigenen Untersuchungen bestimmen lassen wollen. FREUD jedoch hat etwa neben einem erogenen und einem femininen auch noch einen moralischen Masochismus aufgestellt[1]. Diese Form sei »vor allem dadurch bemerkenswert, daß sie ihre Beziehung zu dem, was wir als Sexualität erkennen, gelockert hat«. In der Tat rechnet FREUD Phänomene des Schuldgefühles und der melancholischen Verstimmung dazu, die einen sexuellen Genuß am Leiden völlig vermissen lassen. Dabei hatte er selbst festgelegt, daß »streng genommen« nur jene Fälle Anspruch auf den Namen einer Perversion hätten, bei denen es »zur ausschließlichen Bindung der (sexuellen) Befriedigung« an die perverse Handlung gekommen sei. Und ein zweites Mal betont er ausdrücklich: »In der Ausschließlichkeit und in der Fixierung« der sexuellen Befriedigung an die perversen Akte sehe er »zu allermeist

---

[6] M. SCHELER: Wesen und Form der Sympathie. Bonn 1923, S. 226.
[1] Das ökonomische Problem des Masochismus, Ges. Schr., Bd. V, S. 374.

die Berechtigung, sie als ein krankhaftes Symptom zu beurteilen«[2].

Des weiteren ist aber auch die auf den ersten Blick noch viel gravierendere Kritik durchaus zutreffend, daß FREUD selbst und seine Schüler allzu vielen konkreten Beschäftigungen von Kindern mit ihrem Mund, ihrem Kot usw. einen sexuellen Charakter zuschrieben und sie alle damit den Perversionen Erwachsener gleichsetzten, auch wenn jeweilen diesen Betätigungen eine erotisch-sexuelle Erlebnisqualität durchaus nicht mit Sicherheit nachgewiesen werden konnte. Auf diese zahlreichen »vorschnellen psychoanalytischen Identifikationen auf Grund oberflächlicher Ähnlichkeiten«, auf diese Übertreibung der an sich durchaus berechtigten »Entharmlosungen« des Kindes hat H. KUNZ mit allem Nachdruck hingewiesen[3]. Wenn dann aber E. STRAUS FREUD gegenüber das Vorkommen perversionsartiger Phänomene beim Kind prinzipiell bestreitet und am Beispiel des Sadismus aufzeigen will, daß das Kind noch gar nichts Derartiges kennen könne, da sadistisches Verhalten überhaupt nur dort möglich sei, »wo das Triebhafte in ein auf Werte bezogenes Erlebnisgesamt eingeordnet ist«[4], so fiel es L. BINSWANGER nicht schwer, sowohl die sachlich unrichtige Übertreibung in einer der psychoanalytischen Theorie entgegengesetzten Richtung wie auch die Unhaltbarkeit der Beweismittel aufzuzeigen[5]. Auf einem ähnlichen Irrtum beruht u. E. auch eine Behauptung von H. KUNZ[6], wenn er zwar im Gegensatz zu E. STRAUS zugibt, daß die »homo-

---

[2] Drei Abhandlungen zur Sexualtheorie, Ges. Schr., Bd. V, 31 ff. Auf den Mißbrauch der Begriffe Sadismus und Masochismus durch Schüler FREUDS hat schon frühzeitig mit Recht, aber wenig Erfolg P. FEDERN aufmerksam gemacht: Beiträge zur Analyse des Sadismus und Masochismus, II, Int. Zeitschrift für Psychoanalyse, Bd. II (1914), S. 106.

[3] H. KUNZ: A. a. O., S. 4 ff.

[4] E. STRAUS: Geschehnis und Erlebnis. Berlin 1930, S. 113.

[5] L. BINSWANGER: Geschehnis und Erlebnis, zur gleichnamigen Schrift von Erwin Straus. Monatsschr. f. Psychiatrie, Bd. 80 (1931), S. 266 ff.

[6] A. a. O., S. 14.

sexuellen« Strebungen, die »masturbatorischen« Betätigungen, die »koprophilen« Tendenzen usw. auch beim Kind »durchwegs beobachtbare Sachverhalte realisieren, die sich in wechselnder Intensität an jedem Kind werden feststellen lassen«, dann aber meint: »deren Wiederkehr in den späteren perversen Erscheinungen verwandle sie in ihrer zentralen Bedeutung«. Das zeige sich schon darin, daß den kindlichen perversen Betätigungen das Zwanghafte der Perversionen Erwachsener fehle. Uns will jedoch scheinen, daß sich das Wesen und der Sinn dieser Phänomene an und für sich nicht verändert, ob sie — wie die faktisch perversen Aktionen mit unzweifelhaft sexuell-erotischem Erlebnisgehalt bei Kindern und bei Erwachsenen — darum in Erscheinung treten, weil die sexuell-leibliche Kommunikation noch nicht oder nicht mehr (noch nicht wegen mangelnder Entfaltung und Reifung aller Liebesmöglichkeiten oder nicht mehr infolge einer psychoneurotischen Existenzverdeckung) die Gestalt eines normalen Geschlechtsaktes finden. Zudem entspricht es, wie wir noch sehen werden, nicht den Erfahrungstatsachen, daß sich diese Phänomene bei ihrer »Wiederkehr« im Erwachsenen auch nur in ihrer äußeren Erscheinung durch das Hinzutreten eines Zwangsmomentes notwendigerweise komplizieren müssen, geschweige denn, daß ein solches nicht obligates Zwangsmoment sie ihrem inneren Sinn und Gehalt nach wesentlich zu verändern vermöchte.

Weitaus am prägnantesten, scheint uns, hat das, was FREUD an terminologischer Exaktheit und an Feinheit phänomenologischer Differenzierung wirklich versäumte, R. DALBIEZ nachgeholt, als er den Vorschlag machte, das Kind nicht, wie FREUD es tat, »un pervers polymorphe«, sondern »un pervertible polymorphe« zu nennen[7]. Genau darauf kam es aber FREUD selbst ebenfalls an, als er seine Auffassung von der allgemeinen menschlichen Möglichkeit zu perversen Handlungen begründete. Denn da behauptete auch er nur, daß das Kind unter dem Einfluß der Verführung polymorph pervers wer-

---

[7] A. a. O., Tome II., S. 261.

den, zu allen möglichen Überschreitungen verleitet werden *könne,* und daß es die Eignung dazu in seiner *Anlage* mitbringe.

Nicht lange braucht uns die allgemeine Kritik, die O. Schwarz an der Perversionstheorie Freuds übte, aufzuhalten. Sie ist bereits von H. Kunz in so überzeugender Weise zurückgewiesen worden, daß wir nichts mehr hinzuzufügen brauchen. Wenn O. Schwarz behauptet, »das Wesen der Perversionen bestehe u. a. darin, daß ein unspezifisches Erleben im sexuellen Erleben und Handeln seinen inadäquaten Ausdruck findet« [8], so nannte dies H. Kunz unmißverständlich eine irrtümliche Schlußfolgerung, die den Übertreibungsfehler der Psychoanalyse in umgekehrter Richtung wiederhole. Denn O. Schwarz verstehe unter dem »unspezifischen Erleben das der Definität und Spezifität ermangelnde, fast formal zu nennende Inbeziehungtreten, also das anonyme Gerichtetsein, welches sich in der Wahl der Sexualität als seines Mediums sozusagen irre«. Es treffe nicht zu, wirft H. Kunz hier mit gutem Grunde ein, »daß das Kontaktsuchen in den sexuellen Perversionen ein unspezifisches sei, vielmehr ist es von vorneherein auch ein akzentuiert geschlechtliches, genauer: prägenitales, allerdings gestörtes, es bewahrt diese Spezifität . . . und unterstreicht sie noch mit dem Hinzutreten der genitalen Impulse und Erwägungen« [9].

Mag jedoch auch manche phänomenologische Einzelkritik noch so berechtigt sein, und würden derartige Einwände selbst in noch viel höherem Maße zutreffen als die, die wir eben resümierten, so vermöchten sie trotzdem der psychoanalytischen Theorie in ihrem Kern so gut wie nichts anzuhaben. Denn Freud lagen in echt naturwissenschaftlich-vergegenständlichender, die Wirklichkeit reduzierender und von ihr abstrahierender Art und Weise gar nicht in erster Linie die

---

[8] O. SCHWARZ: Sexualpathologie. Wien, Leipzig, Bern 1935, S. 267.
[9] A. a. O., S. 86.

beobachteten Phänomene an und für sich und ihre exakte Beschreibung am Herzen. Ihm war es vielmehr vor allem darum zu tun, die Phänomene zu begreifen »als Anzeichen eines Kräftespieles in der Seele, als Äußerung von zielstrebigen Tendenzen, die zusammen oder gegeneinander arbeiten«. Und an der nämlichen Stelle fährt FREUD bezeichnenderweise fort: »Wir bemühen uns um eine *dynamische* Auffassung der seelischen Erscheinungen, die wahrgenommenen Phänomene müssen in unserer Auffassung gegen die nur angenommenen Strebungen zurücktreten [10].«

Will man deshalb die psychoanalytische Perversionstheorie entscheidend treffen, so muß man sich ganz speziell gegen den gesamten, letzten Endes auf die DESCARTESsche Spaltung der Welt in eine res cogitans und eine res extensa zurückgehenden naturwissenschaftlich-objektivierenden Charakter von FREUDS theoretischer Auffassung vom Menschen überhaupt wenden [11]: gegen sein mechanistisch-physikalistisches Vorgehen, das die volle Wirklichkeit des Menschen und seiner Liebe im besonderen kausal-genetisch auf bloße Triebhaftigkeit, auf ein Bündel sogar »nur angenommener« Partialtriebe reduzierte, und das zudem noch von diesen zum vorneherein eine Außenwelt mit einer Unzahl äußerer »Triebobjekte« absonderte. Denn einer jeden physikalistischen Psychologie muß die volle Wirklichkeit ihres Untersuchungsbereiches verloren gehen, und es kann ihr nur ein künstliches, wenn auch raffiniert der Realität zugeordnetes, aber eben nur zugeordnetes Begriffssystem zurückbleiben. So entschlüpfte auch der FREUDschen Libidotheorie das eigentliche Wesen des Menschen, seiner Liebe und Liebesarten, da gerade das essentiell Menschliche ihren Begriffen entgleiten mußte, das Etwas, dem alle diese Triebe und Objekte untergeschoben wurden: die menschliche Existenz.

---

[10] S. FREUD: Vorlesungen zur Einführung in die Psychoanalyse, Ges. Schr., Bd. VII, S. 62.
[11] Vgl. hiezu auch L. BINSWANGER: Freuds Auffassung des Menschen im Lichte der Anthropologie, Neederland'sche Tijdschrift voor Psychologie, Bd. 4 (1936).

Mit Recht sagt deshalb L. BINSWANGER: »Jede so objektivierende Psychologie sägt sich selbst den Ast ab, auf dem sie sitzt [12].« Durch nichts, auch nicht durch die kompliziertesten quasi-physikalischen Begriffsoperationen können darum z. B. die Partialtriebe und die Liebesobjekte wieder zu unserer Liebe zusammengesetzt werden, wenn man diese erst einmal künstlich in isolierende, vergegenständlichende Begriffe zerteilt hat. Indem man zum Beispiel eine mitmenschliche Liebesbeziehung, sei sie nun normaler oder perverser Art, glaubt ursächlich auf einen Sexualtrieb oder gar auf einen sexuellen Partialtrieb zurückführen zu dürfen, mutet man unserem Verstande im Grunde den Glauben zu, es könnte das Sehen und Verstehen eines sogenannten Liebesobjektes durch eine blinde Energiequantität zustande gebracht werden. Alle derartigen »exakt«-naturwissenschaftlichen Psychismen kommen einem rein magischen Denken gleich. Deshalb haben denn auch seit je alle Begriffe, die die menschliche Existenz in Teilbezirke aufteilen und diese als für sich vorhandene Dinge vorstellen, unsere psychologische Wissenschaft ebenso zwangsläufig wie hoffnungslos mit einer Vielzahl von künstlichen Scheinproblemen in bezug auf den möglichen Zusammenhang dieser so vorgestellten physischen und psychischen Sachen miteinander und ihre »Wechselwirkungen« untereinander belastet. Insbesondere gilt dies für Vorstellungen wie: der Körper, der Trieb, die Seele, der Geist [13].

Auf den hypothetisch abstrahierenden und reduzierenden Charakter der psychoanalytischen *Theorie* im allgemeinen und der psychoanalytischen Theorie der sexuellen Perversionen im

[12] L. BINSWANGER: Grundformen und Erkenntnis menschlichen Daseins. Zürich 1942, S. 318.
[13] Diese Begriffsoperationen und Vorstellungen von Triebumwandlungen, Sexualisierungen, Desexualisierungen usw. an und für sich entsprechen, das muß gegenüber H. KUNZ' gegenteiliger Ansicht betont werden, einem durchaus legitimen naturwissenschaftlich-physikalistischen Vorgehen, und es wird gewiß mit ihnen dem theoretischen Libidobegriff nicht mehr zugemutet, als man in der Physik dem physikalistischen Energiebegriff aufzuladen pflegt.

besonderen muß man schon im allereigensten Interesse der psychoanalytischen *Wirklichkeit* aufmerksam machen. Denn diese Wirklichkeit besteht zuvorderst aus der psychoanalytischen Praxis. FREUD selbst hat seine Theorie immer nur als bloßen sekundären Überbau und wandelbares Gebilde betrachtet. Die psychoanalytische Praxis FREUDS jedoch hat sich nie nur an ein Triebbündel und an Liebesobjekte gewandt, sondern ging immer das ganze menschliche Dasein an, die volle menschliche Liebe mit eingeschlossen. In Wirklichkeit hat sich deshalb auch nie der ganze Gehalt der faktischen psychoanalytischen Beobachtungen in den viel zu engen Rahmen der physikalistischen Formulierungen FREUDS hineinpressen lassen. In ganz besonderem Maße war dies gerade auf dem Gebiete der sexuellen Perversionen der Fall. M. SCHELER hatte hier das charakteristische Mißverhältnis zwischen dem Sehen der Phänomene und ihrer theoretischen Erfassung sehr frühzeitig erkannt: »FREUD vermeint«, schreibt er, »durch die Tatsache der großen Mannigfaltigkeit von Perversionen seine Ansicht, es wäre der Geschlechtstrieb überhaupt erst sukzessiv in jedem Einzelleben auferbaut, erhärten zu können. Nun sind es aber gerade die Perversionen, die am meisten geeignet sind, FREUDS Ansicht zu widerlegen; denn gerade sie zeigen in ihrer ganzen Mannigfaltigkeit, daß auch in ihnen noch die Richtung der Regung auf die ›andere‹ Geschlechtlichkeit erhalten ist; wenn auch die der anderen Geschlechtlichkeit entsprechenden *Werte* nicht an einem Gegenstand des wirklichen anderen Geschlechtes, sondern sei es an sich selbst (Autoerotismus), sei es am (wirklich) *gleichen* Geschlecht vorgefunden und erstrebt werden [14].« In derselben Richtung kritisiert auch R. ALLERS FREUDS Trieblehre: Schon A. ADLER habe sich anscheinend bewogen gefühlt, für das Zusammentreten der Partialtriebe zu dem Ganzen des vollendeten Sexualtriebes den Begriff der »Triebverschränkung« zu schaffen, um offenbar dadurch eine über die bloße Summation nach Ana-

[14] M. SCHELER: A. a. O., S. 233.

logie des Zusammenwirkens physikalischer Kräfte hinausgehende, spezifische und Spezifisches erzeugende Verknüpfungsart anzudeuten. Die Aufstellung der Lehre von den Partialtrieben gründet, schreibt ALLERS weiter, »anscheinend in der das ganze psychoanalytische Theoriegebäude durchsetzenden Grundannahme, daß das Seelenleben in seiner Gesetzlichkeit nach Art naturwissenschaftlicher Erkenntnisweise erfaßt werden könne, daß man berechtigt sei, auch hier von Kräften zu sprechen, die sich zueinander addieren oder voneinander subtrahieren lassen, von Mechanismen und dergleichen, die gewissermaßen isoliert, herausgelöst aus der Totalität des Seelischen, einer Betrachtung unterworfen werden können, so wie etwa die Begegnung zweier Massen, so sehr sie letzten Endes jeden Augenblick vom Gesamtzustand des Kosmos determiniert werden, für sich behandelt werden können...«. Dagegen sei es gestattet, »die Frage nach den Beziehungen der Lehre von den Partialtrieben zu den psychologischen Tatsachen aufzuwerfen. Es scheint zweifellos das sexuale Erleben als solches eine Zerlegung in konstituierende Faktoren nicht zuzulassen.« Ebenso bedürfe es keiner weiteren Ausführung, »daß die kausale Erklärung aus irgendeinem Erleben heraus, wie sie die Psychoanalyse unternimmt, ein solches Nacherleben, wirkliches Verstehen nicht zu gewährleisten vermag. Handelt es sich doch nicht darum, zu erfahren, auf welchem Wege der Betreffende gerade zu dieser Art psychosexualen Verhaltens gelangt sei, sondern darum, dieses Verhalten selbst mitzuerleben, nacherleben zu können. Dazu verhilft uns keine noch so lange Kette kausalverbundener Glieder und kein Nachweis noch so frühzeitig stattgefundener Einflüsse. Wiederum muß gesagt werden, daß wir auf solchem Wege zwar alle Bedingungen vielleicht erfahren können, durch welche die Abartung zustande gekommen sei, aber nichts darüber, worin sie eigentlich ihrem inneren Wesen nach bestehe« [15]

---

[15] R. ALLERS: Psychologie des Geschlechtslebens, in G. Kafka: Handbuch der vergleichenden Psychologie. München 1922, Bd. III, S. 431 ff.

IV. Die »anthropologische« Perversionstheorie

ALLERS selbst freilich vermochte, so überzeugend er die Verstehensgrenzen der psychoanalytischen Theorie aufzuzeigen gewußt hatte, die Lehre von den Perversionen durch keine eigenen positiven Einsichten zu bereichern. Vielmehr mußte auch er noch angesichts der Verknüpfung von Schmerz und Wollust im Sadismus völlig resignieren und zugeben, es bleibe ihm nichts anderes übrig, »als die Tatsache dieser Verknüpfung schlechthin zu nehmen und auf ein weiteres Verständnis zu verzichten« [1]. Und ebenso mußte er vom Fetischismus bekennen, er glaube, »daß auch in diesen Fällen unserem Nachfühlen Verständnisschranken gesetzt sind, die wir nicht zu durchbrechen vermögen« [2].

Auf der anderen Seite läßt sich den Einwänden SCHELERS und ALLERS', die wir zu den sehr seltenen, ernst zu nehmenden Kritikern aus der Frühzeit der Psychoanalyse zählen dürfen, entgegenhalten, daß schon FREUD selbst verschiedentlich sein Wissen um die Unmöglichkeit einer totalen Zerstückelung und Quantifizierung des Psychischen verraten hatte. Einmal z. B. sprach es FREUD unmißverständlich aus, man müsse dem Lusterlebnis seine Qualität lassen. Denn »Lust und Unlust können nicht auf Zunahme oder Abnahme einer Quantität, die wir Reizspannung heißen, bezogen werden, wenngleich sie offenbar mit diesem Moment viel zu tun haben. Es scheint, daß sie nicht an diesem quantitativen Faktor hängen, sondern an einem Charakter desselben, den wir nur als qualitativ bezeichnen können« [3]. Dann wieder gab FREUD die Unzulänglichkeit einer Reduktion des Menschen auf seine bloße Triebhaftigkeit mit der Bemerkung zu: »Die Beziehungen von Liebe und Haß seien nicht für die Relationen der Triebe zu ihren Objekten verwendbar, sondern seien für die Relationen des Gesamt-Ichs zu den Objekten reserviert« [4].

---

[1] A. a. O., S. 362.
[2] A. a. O., S. 431.
[3] S. FREUD: Ges. Schr., Bd. V, S. 375.

Gerade diesem Gesamt-Ich wandten aber in den dreißiger Jahren immer mehr psychoanalytische Autoren ihre Aufmerksamkeit zu, nachdem einmal die anfängliche psychoanalytische Konzentration auf die Triebsphäre des Menschen eine ansehnliche gedankliche Durchdringung dieses psychologischen Neulandes im Sinne einer naturwissenschaftlich-technischen Suppositionsbildung gebracht hatte. Damit erschienen aus dem Schoße der psychoanalytischen Schule immer häufiger Auffassungen, die nun auch die sexuellen Perversionen nicht mehr nur von einzelnen Trieben, sondern vom ganzen Charaktergefüge (REICH)[5], vom Haltungsmäßigen (SCHULTZ-HENCKE) aus verstanden wissen wollten. Der erste Versuch SCHULTZ-HENCKES, die ursprüngliche psychoanalytische Reduktion und Zerstückelung des Menschen zu überwinden, fiel allerdings noch schüchtern genug aus. Er hielt es in seiner frühen Arbeit »Über Homosexualität« bezeichnenderweise noch für notwendig, sein Unternehmen gleichsam zu entschuldigen, indem er schrieb: »Es ist sicher sehr ungewöhnlich, daß man als Wissenschaftler mit einem Worte arbeitet wie ›allgemein menschlich‹[6].« Wenig später dagegen wagte K. HORNEY auf Grund ihrer differenzierten psychoanalytischen Ich-Psychologie bereits, die ehemalige FREUDsche Auffassung von den sexuellen Perversionen geradezu umzukehren. Statt wie bisher aus den perversen Trieben den perversen Charakter ableiten zu wollen, schreibt sie 1939, seien vielmehr jene nur von diesem her, als Teil der personalen Strategie eines perversen Gesamtcharakters zu verstehen[7].

In solchen Worten drückt sich nun allerdings eine derart grundlegende Wandlung gegenüber der ursprünglichen FREUDschen Theorie aus, daß es nicht mehr sinnvoll sein konnte,

---

[4] S. FREUD: Ges. Schr., Bd. V. S. 462.
[5] W. REICH: Der masochistische Charakter, Int. Zschr. f. Psychoanalyse, Bd. 18 (1932).
[6] H. SCHULTZ-HENCKE: Über Homosexualität, Zschr. f. d. ges. Neur. u. Psychiatrie, Bd. 140 (1912), S. 306.
[7] K. HORNEY: New Ways in Psychoanalysis. New York, 1939, S. 275.

beide Auffassungen einer gemeinsamen Kritik zu unterziehen. Anderseits brachte uns diese neueste psychoanalytische Betrachtungsweise, die primär am Gesamt-Ich im Personalen ansetzt, bisher lediglich eine Bereicherung unseres Wissens um ganz vereinzelte Perversionsformen, insbesondere um den Masochismus und den Sadismus, so daß eine Diskussion dieser Beiträge erst in den späteren, speziellen Kapiteln angezeigt erscheint. Zudem nähern sich die neueren, eben durch ein Wort K. HORNEYS charakterisierten psychoanalytischen Anschauungen sehr weitgehend den Ansichten jener von ganz anderer Seite vorgetriebenen Denkrichtung, die ihre Urheber die »anthropologische« nannten. Sie waren ihrem sachlichen Gehalt nach durch diese zeitlich bereits vorweggenommen worden. Deshalb dürfen wir die »anthropologischen« Ansätze der psychoanalytischen Autoren um so eher im jetzigen allgemeinen Zusammenhange zurückstellen und uns auf eine Darstellung und Kritik der von Anfang an gesamtmenschlich eingestellten, sehr bald zu einer umfassenden Perversionstheorie durchgedrungenen, sogenannten anthropologischen Untersuchungen beschränken.

Der erste und entscheidende Anstoß zu einer solch produktiven Überwindung der naurwissenschaftlichen »Psychologie« durch eine Betrachtungsweise, die tatsächlich das ganze menschliche Wesen der wissenschaftlichen Bearbeitung zu unterstellen trachtete und erst damit auch Anspruch auf den Namen einer »Anthropologie« und auf eine selbständige Wissenschaftlichkeit erheben durfte, ging von der bedeutsamen Arbeit v. GEBSATTELS »Über Fetischismus« [8] aus. Den ausschlaggebenden Ansatzpunkt für seine neue Auffassung fand v. GEBSATTEL im HIRSCHFELDschen Begriff der »fetischistischen Teilanziehung«. Eine Teilanziehung, folgerte der Autor, schließe doch implizite die gegensätzliche Vorstellung eines normgemäßen, nicht fetischistischen sexuellen Verhaltens in sich, das nicht

---

[8] E. V. v. GEBSATTEL: Über Fetischismus, Nervenarzt, Bd. II (1929).

einen Teil, sondern das Ganze zum Gegenstand habe. Deshalb sei der Fetischismus geradezu als die Gegenmöglichkeit der normalen Erotik zu charakterisieren. Denn, so schrieb v. GEBSATTEL wörtlich, »wie die in der erotischen Wallung angelegte Richtung des schöpferischen Dranges aufs Ganze in den Werdeabschnitt ihrer Gegenwart, so geht die im Fetischismus kulminierende Tendenz der vom Erotischen abgespaltenen sexuellen Begierde umgekehrt auf die Zerstörung dieses Ganzen, auf seine Verstümmelung und Zerstückelung, auf die Erhebung eines Teiles zum Ganzen unter Ausschaltung des wirklich Ganzen« (a. a. O., S. 14). Denselben Gedanken nimmt v. GEBSATTEL noch einmal in einer zweiten Arbeit auf und behauptet hier von einem sadistischen Kranken sogar: »Das, was unserem Patienten die Dynamis verleiht, ist nicht ein primäres Streben nach Lust . . ., sondern ein reaktives Moment, die geheime Wendung der Persönlichkeit gegen die Möglichkeit elementaren Angezogenseins durch die weibliche Persönlichkeit.« Schließlich bezeichnet er alle »Paraphilen« in einheitlicher theoretischer Zusammenfassung als »destruktive Reaktionsbildungen«. Wie der Fetischismus in einer »Teilsetzung«, gründe der Exhibitionismus oder die Schaulust »in einer Wendung gegen den Liebessinn der Scham und des Anstandes . . . Aus einem Angehen gegen das Gesetz des Ekels beziehen Kunnilingus, Koprophilie usw. ihren Reizwert und ihre libidinöse Energie. Mittels des lebensbejahendsten Aktes der sexuellen Betätigung Leben zu schädigen oder zu beeinträchtigen wird dem Sadisten zum Antrieb — kurz: überall sehen wir das Geschlechtsleben von der Möglichkeit bedroht, eine destruktive Wendung gegen das Sinngefüge seiner generellen Intention zu nehmen.« So könne man »in der Entwicklung fast aller perversen Genüsse an ihrer Wurzel gleichsam die Freude entdecken am Nichtseinsollenden, die in erregender Weise mit dem Erschrecken darüber gepaart ist. Beide Affekte ineinander machen das Wesen der perversen Sensation aus, die als Surrogat des Liebesglücks den reflektierten Genuß des süchtigen Verhaltens

durchwohnt«[9]. Und noch ein drittes Mal formuliert v. GEB-
SATTEL am Schlusse seiner Untersuchungen über die Schmerz-
lust den geheimen »Sinn dieses abwegigen Verhaltens« als
eine »Wendung der Persönlichkeit gegen den Sinn, gegen
die Aufbaugesetze und die natürliche Ordnung der erotischen Wirklichkeit« und als »Geist der Auflehnung und der
Revolte«, der hier »gegen die Bindung durch Normatives mittels der abenteuerlichen Ungebundenheit libidinöser Einfälle
protestiert. In angemaßter Freiheit einen verborgenen *Zer-
störungstrieb* zu entfesseln und in ausgelassener Libertinage
(liberté!) mit den Gesetzen der Liebe, mit sich und den
anderen zu spielen, bei dunklem Wissen um das Verkehrte
der eigenen Ausschreitungen — das entpricht dem Zug ins
Widernatürliche und Süchtige, ins Maßlose und Verderbte,
der den Menschen von der ›Keuschheit‹ ins ›Laster‹, vom Erotischen weg ins rein Libidinöse und über die Grenzen seiner
Natur hinauszuführen strebt ... Gerade die Umkehrung der
normalen Liebesrichtung, die handgreiflichste Zerstörung des
erotischen Lebenssinnes macht den erregenden Inhalt der perversen Akte aus«[10]. Die Verwandtschaft dieser Überlegungen
mit EULENBURGS alter Idee, es hätten manche der grauenhaften
perversen Phänomene »ihre letzten Wurzeln. . . wohl gerade
in diesem hochmütigen Hinwegsetzen über alle Grenzen sittlicher und auch ästhetischer Scheu, in der triumphatorischen
Erniedrigung und Verhöhnung alles dessen, was dem pietät-
vollen Glauben als vorzugsweise geweiht, verehrungswürdig,
als unnahbar und unantastbar gilt«, ist evident[11].

Auf diese Untersuchungen über Fetischismus von v. GEB-
SATTEL beziehen sich ausdrücklich die differenzierten Studien
von E. STRAUS. Auch dieser Autor sieht von nun an in
den sexuellen Perversionen den nämlichen anthropologischen

---

[9] E. V. v. GEBSATTEL: Über süchtiges Verhalten im Gebiet
sexueller Verirrungen, Monatsschr. f. Psychiatrie, Bd. 82 (1932),
S. 115 f. und S. 135.

[10] A. a. O., S. 134 und 137.

[11] A. EULENBURG: Sadismus und Masochismus. Wiesbaden 1902.

Sinn, wenn er schreibt: »Die Perversionen sind nicht Abkömmlinge von Partialtrieben, die auch im Tierreich vorkommen könnten, sondern sind ein Reservat des Menschen. Perversionen können nur dort auftreten, wo die erotische Wahl ursprünglich durch die Richtung auf Werte, z. B. der Schönheit bestimmt ist. Die Perversionen richten sich gegen die positiven Werte ... Daher ist der Sadismus immer ein reflektiertes und ein reaktives Verhalten, eine Verneinung der Werte durch die Tat ... Gerade diese Entwertung, die sich mit der Zufügung der Schmerzen vollzieht, ist der erregende Inhalt des sadistischen Erlebnisses. Nicht um sich seiner zu bemächtigen, fügt der Sadist dem andern Schmerzen zu, sondern die Entwürdigung ist die perverse Art sadistischer Bemächtigung ... Die Normwidrigkeit der Perversion ... das ergibt sich nicht als Werturteil eines befangenen Betrachters, sondern sie ist der Lebensnerv der Perversion, des perversen Erlebnisses selbst. Aus ihr, der Normwidrigkeit, dem Zerstören, Schänden, Entweihen, kurz dem *Deformieren* seiner selbst und des Partners, entspringt die Wollust der Perversion.« Diese seine Perversionsauffassung exemplifiziert E. STRAUS noch sehr anschaulich an einem Beispiel: »Der Koprophile hat keine ursprüngliche Freude am Berühren des Kotes, sondern der Sinn des koprophilen Erlebnisses erwächst ihm erst aus der Bedeutung der Besudelung, der Schändung, der Selbstzerstörung. Schmeißfliegen, die ihre Nahrung im Kot suchen, sind nicht koprophil, so wenig wie Hühner, die im Mist scharren, oder ein Patient, der aus Guano gewonnenes Diuretin einnimmt. Und erst recht nicht das Kind, das mit seinen Exkrementen spielt ... Für den Koprophilen ist der Kot nicht ein durch seine physikalische Beschaffenheit gekennzeichneter Gegenstand, sondern er erstrebt die Berührung mit dem Ausgestoßenen, Verfaulenden, Verwesenden. Während ein kleines Kind harmlos mit Exkrementen spielen kann, harmlos insofern, als es das Verwesende noch nicht erfaßt hat und darum den Ekel noch nicht verspürt, erwächst das Erlebnis des Koprophilen gerade aus der Einung

mit dem Ekelhaften. Ein solches reaktives Moment eignet
der Koprophilie wie allen Perversionen, die, wie wir schon
bei dem Sadismus gezeigt haben, eben wegen dieses reaktiven,
deformierenden Charakters nie ursprüngliche Triebziele gewesen sein können [12].«

Ein drittes Mal wurde diese »Deformierungs-Theorie« der
sexuellen Perversionen von H. KUNZ aufgenommen und mit
besonderem Nachdruck der psychoanalytischen Theorie entgegengehalten [13]. Allerdings schließt sich H. KUNZ zunächst der
Kritik L. BINSWANGERS an, der die Auffassung von E. STRAUS
über ein primäres Gerichtetsein der perversen Akte gegen
den Bereich der Werte im HUSSERLschen Sinne für falsch hält.
Er verwandelt sie dann aber lediglich in die Konzeption
destruktiver Zerstörungsimpulse als Kern aller Perversionen
und als die Wurzel der perversen Deformierung. Grundsätzlich also stimmt er doch völlig mit v. GEBSATTEL und E. STRAUS
überein. Sonst könnte er in seinen Ausführungen nicht mit
der Behauptung weiterfahren: Dieses »Einschießen destruktiver Impulse in die geschlechtlichen Betätigungen kann unter
diesen Umständen nicht mehr als Spezifikum des Sadismus
gelten«, sondern es müsse auch für alle andern Perversionsformen typisch sein (a. a. O., S. 24). Wenn also auch nicht
die E. STRAUSsche »Entwertung« oder »Wertverneinung« zentral die perverse sexuelle Erregung bewirke, so entstamme
diese doch destruktiven Impulsen (a. a. O., S. 84). Ganz analog v. GEBSATTELS Fetischismustheorie als der »Gegenmöglichkeit« der ganzheitswollenden, normalen Erotik konfron-
tiert H. KUNZ die seiner Ansicht nach mit aggressiv-destruk-
tiven Impulsen geladenen Perversionen mit der die Ganzheit
des Partners tragenden Zärtlichkeit. Folgerichtig muß er darum des weiteren auch dekretieren, die Störung der Zärtlichkeit stelle ganz prinzipiell ein wesentliches Merkmal der
Perversionen dar (a. a. O., S. 42). Was »das normale und das

---

[12] E. STRAUS: A. a. O., S. 113 ff.
[13] A. a. O.

perverse Tun« unterscheide, so schließt er seine Ausführungen, seien »lediglich differente Mischungsverhältnisse normgemäßer und normwidriger Anteile« (a. a. O., S. 89).

V. Zur Kritik der »anthropologischen« Perversionstheorie

Kein Zweifel, diese »anthropologische Deformierungs-Theorie« der sexuellen Perversionen, formuliert und ausgestaltet von drei so gedankenreichen und scharfen Denkern, besticht gegenüber der kalten und reduzierenden Begriffswelt der Psychoanalyse durch ihre Fülle und Lebendigkeit. Und doch sieht man sich von ihr bei genauerem Hinsehen gerade in bezug auf das darin enthaltene Zentralproblem der sexuellen Perversionen im Dunkel gelassen. Es bleibt ganz und gar ungeklärt, wie denn überhaupt ausgerechnet »destruktive Verstümmelung und Zerstückelung«, »ein lebensschädigender Akt«, wie »die handgreiflichste Zerstörung des erotischen Liebessinnes den sexuell erregenden Inhalt der perversen Akte« (v. GEBSATTEL) ausmachen können, wie einer »normwidrigen Deformation«, einem »Schänden und Entweihen« (E. STRAUS) die »Wollust der Perversionen« zu entspringen, auf welche Art und Weise »destruktive Impulse« (H. KUNZ) sexuelle Erregung zu bewirken vermögen. Denn unbestreitbar sind doch der sexuelle Akt und die geschlechtliche Lust in sich, ihrem ganzen Wesen und Gehalt nach, gerade das Gegenteil von Zerstörung und Verneinung. In ihnen ereignet sich vielmehr stets Daseins-Einung und Daseinsmehrung und schöpferische Ergänzung, wenn es auch unter Umständen bloß noch eine auf die rein leiblich-sensuelle Sphäre der menschlichen Existenz beschränkte Verschmelzung ist. Somit impliziert die »anthropologische Deformationstheorie« der Perversionen nichts Geringeres als eine radikale Verwandlung des fundamentalen Gehaltes und der eigensten Natur aller sogenannten Sexualität. Wir werden jedoch weder über das »Wie« noch das »Warum« noch über die grundsätzlichen Möglichkeiten solcher Verwandlung in diesen anthropologischen Untersuchungen aufgeklärt.

Vollends irre wird man an dieser Theorie der Perversionen, wenn man gleich in den ersten und für die ganze Auffassung grundlegenden Arbeiten v. GEBSATTELS auf außerordentlich bedeutsame und höchst aufschlußreiche Widersprüche zwischen seinen konkreten Beobachtungen an perversen Menschen und seinen theoretischen Schlußfolgerungen stößt. Um so mehr ist es deshalb zu bedauern, daß v. GEBSATTELS Forschungen unter den angeführten Arbeiten die einzigen blieben, die sich auf nachprüfbare, konkrete Beobachtungen bei Perversen stützen.

v. GEBSATTEL machte bei einem seiner Fälle die wichtige Entdeckung einer eigentümlichen fetischistischen »Liebeswirklichkeit« und stellte des weiteren fest, daß in ihr das fetischistische Liebesobjekt, welches dem objektiven Betrachter als Ding und Teil der Sachwelt erscheinen müsse, eine »Anthropomorphisierung, eine Verlebendigung, eine Ganzheitsdeutung« erfahre. Damit aber hatte er selbst, ohne es zu beachten, schon zu Beginn seiner Untersuchungen die »Teilsetzung«, auf die er seine »Verstümmelungs- und Zerstückelungstheorie« gründete, als eine von der fetischistischen Erlebniswelt aus gesehen perspektivisch ganz verzerrte Deutung von seiten eines »objektiven« Beobachters gekennzeichnet. Ausdrücklich nämlich sagt v. GEBSATTEL z. B.: »Im Hinblick auf seine Erlebnisbedeutung ist er (der Fetisch) ein Ganzes, eine sexuell betonte Liebeswirklichkeit ... Zum Ganzen aber wird der Fetisch durch seine Eignung, wenigstens im Imaginativen — angesichts einer bildhaften Liebeswirklichkeit nämlich — beide Richtungen des erotischen Lebens, Liebe und Sexualität, zu einem Wirkungsganzen zusammenfassen.« Ja, v. GEBSATTEL vergleicht sogar das fetischistische Erlebnis mit dem Puppenspiel der Kinder und der darin sich bekundenden enormen Erlebnisfülle, die es diesen erlaubt, noch einen »Kieselstein,

eine Muschel, ein Stück Holz, eine Feder mit der uner-
schöpflichen Bedeutsamkeit des Lebendigen anzusprechen, während es dem normalen Erwachsenen eben versagt ist, in
einem weiblichen Bekleidungsstück eine Liebeswirklichkeit zu
sehen« (Über Fetischismus, a. a. O., S. 13 f.). Also traut er
selbst im Grunde der wirklichen, fetischistischen Erfahrung
als solcher ganz offenkundig eine dem »Normalen« noch
weit überlegene Ganzheitsschau zu. So lange er sich denn
auch nicht von seinen konkreten, ungemein scharfen Beobachtungen entfernt, zwingen sie ihn dazu, in dem Liebesobjekt
seines Schnurrbartfetischisten etwa dementsprechend die Ver-
weisung auf die Ganzheit eines geliebten Onkels zu sehen.
In den Träumen eines anderen seiner Fetischisten wiederum
erschien »mit ungewöhnlicher Gleichförmigkeit das Motiv des
hermaphroditischen Weibes und speziell das einer hermaphroditischen Mutter« (a. a. O., S. 19), das den im Wachen allen
Frauen gegenüber impotenten Mann auch regelmäßig in sexuelle Erregung versetzte. Erstaunlicherweise deutet dann allerdings v. GEBSATTEL diese hermaphroditischen Träume um in
Abbilder der eigenen inneren Zerstückelung und Zerteilung
der fetischistischen Männlichkeit. Alle Traumerfahrung jedoch
lehrt, daß als Hinweise auf wirkliche innere Schwächen und
Verstümmelung ebenfalls schwache, alte, kranke und verstümmelte oder knabenhaft infantile Traumgestalten auftreten. Das
Traumbild einer weiblichen Mutterfigur dagegen, die dazu
noch einen Phallus besitzt, ein solch androgynes Wesen also,
ist nicht *weniger* als ein gewöhnlicher Mensch, sondern *mehr*
als eine Frau, auch mehr als ein Mann, beides zugleich
nämlich und darum ganzheitlicher, von viel umfassenderer
Fülle als Mann und Frau allein. Sie ist eine Gestalt, die
die gesamten mann-weiblichen Möglichkeiten des menschlichen
Daseins umspannt. Nicht umsonst werden denn auch die all-
mächtigen Gottheiten überall auf der Welt als solch androgyne
mann-weibliche Vollkommenheiten dargestellt. Auch hier also
sagt eine solche Androgynie das genaue Gegenteil einer Zerstückelung und Zerteilung aus.

Des weiteren glaubt v. GEBSATTEL in dem Kastrationsmotiv, das er in Übereinstimmung mit FREUD sehr oft in den Träumen seiner Fetischisten fand, einen Beleg für die besonders ausgeprägten Zerstückelungstendenzen dieser Kranken sehen zu dürfen. Dieser Trauminterpretation muß jedoch sogleich das gewichtige Moment entgegengehalten werden, daß die Kastrationsangst in den Träumen aller anderen neurotischen Menschen mit derselben Häufigkeit anzutreffen ist wie bei den Fetischisten. Sie weisen weder bei diesen noch bei jenen auf eine »Zerteilung« der Männlichkeit dieser Kranken hin. Vielmehr berichten uns diese »Kastrationsmotive«, wie sie für die Traumphänomene aller Neurotiker gleicherweise charakteristisch sind, gerade nicht von einer Zerstückelungstendenz, sondern im Gegenteil nur von der Angst dieser Kranken um den Bestand ihrer noch ungefestigten, unreifen Männlichkeit.

Die Zerstörung der Ganzheit als Sinn der Perversionen glaubt v. GEBSATTEL des weiteren am Phänomen der Onanie noch besonders klar aufzeigen zu können, da sich hier die destruktive Tendenz leiblich anschaulich in der Manipulation bereits ausdrücke. Bei der Onanie nämlich werde der Leib zweigeteilt in einen Geschlechtspol und einen an ihm operierenden Bewußtseinspol [1]. Dagegen ist jedoch einmal einzuwenden, daß die Onanie an und für sich bloß eine Technik zur Auslösung des sexuellen Orgasmus ist und als solche in den Dienst aller möglichen Verhaltensweisen, perverser und nicht-perverser Art gestellt werden kann. Deshalb dürfen wir sie weder als eine Perversion schlechthin noch als Perversionsfragment (KUNZ) noch gar als Ur-Perversion (v. HATTINGBERG) betrachten. Zudem gilt die von v. GEBSATTEL hervorgehobene Zweiteilung des Leibes doch gar nicht für alle konkreten Arten von Onaniemanipulationen und muß daher dort, wo sie faktisch stattfindet, als eine das allgemeine Wesen der Onanie nicht berührende Äußerlichkeit be-

---

[1] Süchtiges Verhalten usw., a. a. O., S. 154.

wertet werden. Wir selbst haben, um nur ein Beispiel zu nennen, das eindeutig all diese »anthropologische« generalisierende Interpretation Lügen straft, sehr oft ein Onanieren bei gesunden, männlich reifen Soldaten festellen können, wenn diese tage- und wochenlang auf einsamen Beobachtungsposten im Gebirge isoliert waren und so aus äußeren Gründen keine Möglichkeit zu einem Kontakt mit weiblichen Wesen hatten. Sie phantasierten sich jedoch bei ihren onanistischen Akten eine so innige Liebesvereinigung mit einem weiblichen Partner herbei, daß ihr Onanieren gewiß einem volleren, unversehrteren Liebesphänomen gleichkam, als es mancher Sexualakt mit einem faktischen heterosexuellen Partner ist, wenn dieser bloß als eine Art von unpersönlichem anonymen Instrument für rein egoistische, sensuelle Reizsteigerung mißbraucht wird.

So legen also schon die konkreten Beobachtungen v. GEBSATTELS selbst, die er so überaus anschaulich zu zeichnen wußte, die Vermutung nahe, daß es sich bei der »Deformierung der Liebeswirklichkeit der Sexuell-Perversen«, der alle bisherigen »anthropologischen« Perversionstheorien eine so zentrale Bedeutung beimessen, gar nicht um das handelt, was mit diesen Kranken selbst vorgeht. Viel eher lassen bereits v. GEBSATTELS eigene Befunde vermuten, daß diese »anthropologischen Theorien« lediglich von *jener* Destruktion sprechen, die die »sachlichen«, von außen beobachtenden Psychopathologen ihrerseits dieser perversen Liebeswirklichkeit aus der einschränkenden und zerstückelnden Perspektive ihres wissenschaftlichen Standpunktes her zuschreiben. Wir werden in dieser Vermutung in höchstem Maße bestärkt, wenn wir darauf achten, wie gering die »anthropologischen« Untersucher diese perverse Liebeswirklichkeit tatsächlich einschätzten, während sie doch für die Wesensbestimmung der sexuellen Perversionen als Erscheinungsformen der Erotik, wenn auch einer Erotik noch so defizienter Art, von überragender Wichtigkeit sein müßte. E. STRAUS würdigt sie überhaupt keines Blickes. O. SCHWARZ erledigt sie mit dem abschätzigen Urteil eines zufälligen, falschen, inadäquaten Weges für ein unspezifisches Kontaktverlangen oder des »Irrealen« oder gar des »wahrhaft-Verrückten«. H. Kunz sieht in der Zärtlichkeit der Perversen, die er für seine Betrachtungen aus der Welt der Liebe isoliert, zur Hauptsache nur überkompensatorische Reaktionsphänomene, die im Dienst der Destruktions- und Angstbewältigung stünden. v. Gebsattel endlich hat wohl als erster auf die fetischistische Liebeswirklichkeit hingewiesen, hat sie dann aber wieder für seine theoretischen Schlußfolgerungen als »bloß« imaginativ infantile Welt weitgehend verschwinden lassen. Schlimmer als dies, sowohl v. Gebsattel als auch E. Straus müssen das perverse Tun, weil sie es theoretisch in einer »Freude am Nicht-Sein-Sollenden«, in einem »hochmütigen Hinwegsetzen über alle Grenzen sittlicher und ästhetischer Scheu« wurzeln lassen, als ein von Grund auf bloß reaktives und reflektives Verhalten kennzeichnen. In Wirklichkeit findet der Untersucher und der Therapeut kaum je so wenig Reflexion wie gerade bei seinen ihrer sexuellen Perversion verfallenen Kranken. Deren Verfallensein allein schon schließt an und für sich ein Reflektieren aus, weil jede Reflexion immer ein viel größeres Maß von Freiheit und Distanz dem Geschehenden gegenüber voraussetzt.

VI. Psychologische Bemerkungen zur Norm der Liebe

Die Berechtigung unserer einleitenden Behauptung, die zwei einzigen bisherigen Betrachtungsweisen, die Anspruch auf den Namen einer »Theoria« der sexuellen Perversionen erheben dürften, vermöchten deshalb die volle Wirklichkeit dieser Erscheinungen nicht zu begreifen, weil sie beide, jede allerdings auf ihre eigene Art und Weise, dem Phänomen der *Liebe* nicht eine adäquate Behandlung zuteil werden ließen, kann also wohl kaum mehr ernstlich in Frage gestellt werden. Wo freilich hätten sich auch Freud und seine Schüler und wo die »anthropologischen« Untersucher auf eine der Liebe gerecht werdende wissenschaftliche Erfassung des Phänomens berufen können? Hatte doch vor ihnen auch die psychologische Forschung der damaligen gesellschaftlichen Prüderie ihren Tribut bezahlt und sich von der Liebe so weit wie immer nur möglich ferngehalten. Damit hatten sie sich freilich ganz in einen Gegensatz zu den alten Denkern gestellt, die über ein ungemein reiches und tiefes Wissen um die Liebe verfügten [1].

FREUD war der erste, der dem Phänomen der Liebe den Wiedereintritt in die psychologische Wissenschaft erzwang; allerdings nur durch die allzu enge Pforte seines untermenschlichen, naturwissenschaftlichen, mechanistischen Verstehenssystems. Um die Verstümmelung, die die Liebe dadurch in ihrer modernen wissenschaftlichen Darstellung zunächst erlitt, wieder gutzumachen, bedurfte es in der Folgezeit freilich noch der größten geistigen Anstrengungen, die erst in der allerjüngsten Zeit von einem vollen Erfolg gekrönt wurden. Wohl hatte schon der erste ernst zu nehmende wissenschaftliche Kritiker FREUDS, M. SCHELER, gemahnt: »Es ist der große Irrtum der naturalistisch-sensualistischen Philosophie

---

[1] Vgl. vor allem die aristophanische Legende in PLATOS Symposion von den ursprünglich runden, ganzen, dann aber zur Strafe für ihren Hochmut entzweigeschnittenen Urmenschen, mit der verglichen alle seither formulierten Wesensbestimmungen der Liebe als bloße mehr oder weniger verangerte oder differenziertere Variationen über ihren Sinn erscheinen. Für FREUDS Theoriebildung insbesondere ist es ungemein bezeichnend, daß ihm gerade diese aristophanische Legende, die doch ganz offensichtlich und expressis verbis die Liebe als das Bestreben der Menschen zur Rückkehr zur mann-weiblichen Volkommenheit und Ganzheit darstellt, in seinem physikalisch-reduzierenden Denken zu einer Illustration des sogenannten Wiederholungszwanges und damit des Todestriebes zerfällt, der alles Organische ins tote Anorganische zurückstreben läßt. (S. FREUD: Jenseits des Lustprinzips, Ges. Schr., Bd. VI, S. 250 f.) Vgl. ferner die Aussagen über die Liebe bei BOEHME und bei seinem Nachfolger FRANZ VON BAADER und die Zusammenstellung der schönsten Liebesgedichte in L. BINSWANGER: Grundformen und Erkenntnis menschlichen Daseins.

SCHOPENHAUERS und S. FREUDS ..., daß sie in der Geschlechtsliebe nur einen sekundären, durch Triebverdrängung erst gewordenen luftigen und phantastischen Überbau zum massiven Geschlechtstrieb sehen[2]«. SCHELER selbst machte dann freilich aus der Liebe wiederum eine neue Abstraktion. Er bildete aus ihr die Vorstellung eines »personalen Aktes«, und da er die Person als ein Aktzentrum definiert, müßten nach ihm Aktzentren lieben können. Bei ALLERS dagegen finden wir bereits um die gleiche Zeit herum, wenn auch erst noch ganz aperçuhaft, einen anthropologisch viel fruchtbareren Ansatz zum Verständnis der Liebe. Er sehe, schreibt er, »das tiefste Wesen der Liebe in der Richtung ihrer Bewegung auf eine Wir-Bildung, auf die höhere Einheit des Wir«, die in sich ruhend und sich selbst genügend bestehen kann [3]. Wesentlich umfassender weiß schon JASPERS die Wirklichkeit der Liebe darzustellen: Den Begrenztheiten und Isoliertheiten aller anderen möglichen — z. B. aller alltäglich-weltlichen, gegenständlichen, selbstreflektierenden — Einstellungen, sagt er, stehe in der Liebe als einer »enthusiastischen Einstellung« die Hingabe gegenüber, dem »Scheiden der Wege, dem Setzen von Grenzen«, der »raum-zeitlich eingeschränkten Aktivität« dort das »Übersteigen aller Grenzen und das Schauen und handelnde Erfassen außerirdischer Werte im Irdischen in der Liebe«. Die Liebe ist, sagt JASPERS ferner, »eine Bewegung in uns durch alles Konkrete hindurch (in die gegenständliche Welt und zu uns zurück gewandt) in das Absolute und Ganze. Dieser Bewegung der Liebe leuchtet alles gleichsam auf.« In der Liebe ist der »Gegenstand ..., so unendlich mannigfalt er im Konkreten sein kann, auf eine spezifische Weise gegeben: er ist unmittelbar in die Totalität der Welt versenkt, durch einen Lichtstrahl vom Absoluten her durchleuchtet und mit ihm verbunden. In christlicher Ausdrucksweise: der Gegenstand wird in Gott ge-

---

[2] A. a. O., S. 136.
[3] A. a. O., S. 469.

sehen, nicht vereinzelt. Er wird nicht als Endliches, sondern als eingebettet in das Unendliche ergriffen. Die Einstellung geht daher auf das Ganze selbst. Da dieses als solches nie Gegenstand für die menschliche geistige Struktur sein kann, wird es intendiert durch einen endlichen Gegenstand hindurch, der so in einem eigentümlichen Schimmer steht oder vielmehr dieser Schimmer des Absoluten selbst ist. Alles das ist Charakteristik des Erlebten«, fügt Jaspers bei und fährt fort: »es will nur so gemeint sein, nicht als metaphysische Deutung. Diese metaphysischen Begriffe von überallher aufzunehmen, erscheint für die psychologische Deskription berechtigt; sie sind Ausdrucksphänomene von Erlebtem, und das Erlebte wird am relativ klarsten durch diese Begriffe ›als ob‹ es auch metaphysisch realiter so wäre, worüber hier niemals entschieden wird [4].«

Weil es aber nicht spekulative Deutungen, sondern lediglich Beschreibungen faktischer Erlebnistatbestände der Liebe sind, kommt ihnen auch nicht weniger Realitätswert zu als irgendwelchen Aussagen der Naturwissenschaften. Vermißt sich daher der naturwissenschaftlich denkende Geist, diese von Jaspers beschriebenen Liebeswirklichkeiten als bloße Phantastereien verächtlich abzutun, so verabsolutiert er bloß, ohne es freilich zu bemerken, seinen eigenen Gesichtspunkt in überheblicher Weise und wird zum geistigen Usurpator. Denn es ist durchaus nicht ausgemacht, daß die Wahrheit seinen Untersuchungsmethoden in größerem Ausmaße zugänglich ist als dem Verstehen eines Liebenden.

Noch tiefer kann das Wesen und die Bedeutung der Liebe auf Grund der Fundamentalontologie Martin Heideggers erfaßt werden [5]. Menschsein im ganzen, sagt Martin Heidegger, ist ein Existieren im wörtlichsten Sinne des Wortes eksistere. Es ist ein ursprüngliches »Hinausstehen«, ein immer schon draußen bei den Dingen oder zu den Dingen und Mit-

[4] K. Jaspers: Psychologie der Weltanschauungen, 3. Aufl. Berlin 1925, S. 118 ff.
[5] M. Heidegger: Sein und Zeit. Halle, 4. Aufl. 1935.

menschen sein. Es ist, mit anderen Worten, immer ein offenständiges In-der-Welt-Sein in dem Sinne, daß es von Grund auf in sich ein Ausstehen jenes Helligkeitsbereiches ist, in den hinein das, was zu sein hat, anwesend und zum Vorschein zu kommen vermag. Dieser spezifisch menschliche Wesenszug geht zum Beispiel allen leblosen, bloß vorhandenen Dingen, allen Tischen und Steinen etwa, völlig ab. Ihnen eignet keine gelichtete Weltoffenheit eines Vernehmenkönnens von Begegnendem. Menschliches In-der-Welt-Sein aber als ein primäres Offenständigsein, als Weltoffenheit ist ebenso ursprünglich stets auch ein je gestimmtes Dasein. Demzufolge sind denn auch alle einzelnen konkreten Wahrnehmungs- und Verhaltensweisen, in denen jeweils unser ontologisch als In-der-Welt-Sein gekennzeichnetes Existieren sich ontisch austrägt, in sich immer so oder anders gestimmt. Dabei sind jene Vernehmens- und Verhaltensweisen in sich gehoben, glücklich gestimmt, in denen sich ein Dasein jeweils seiner eigensten Natur nach am besten zu zeitigen und zu erfüllen vermag. Jene Verhaltensweisen dagegen, die sich nach uneigentlichen, wesensfremden Zielen richten und der vollen Entfaltung eines Daseins nicht genügen können, erweisen sich ebenso regelmäßig als in sich mißmutig, mißtrauisch, depressiv verstimmt.

In der wesensmäßigen Gestimmtheit unseres Daseins gründet andererseits stets und primär das je besondere Erschließen, Eröffnen und Verstehen der Dinge der Welt, der Mitmenschen und seiner selbst. So bestimmt die Gestimmtheit je und je aus sich heraus die Art und Weise, in der ein Dasein sich in seine Beziehungen zu den begegnenden Dingen und Mitmenschen einräumt, in der es sich in der Welt räumlicht. Ganz gleich ursprünglich, wie die Gestimmtheit eines Daseins seine je und je besondere Räumlichung und Räumlichkeit bestimmt, entscheidet sie auch über die Art und Weise, wie sich ein Dasein im Austrag seiner Beziehungsmöglichkeiten dem ihm Begegnenden gegenüber zeitigt. Die jeweilige Gestimmtheit eines Daseins bestimmt somit auch die Zeitigung seiner ursprünglichen Zeitlichkeit.

Niemand kann zum Beispiel bezweifeln, daß ein auf Liebe gestimmtes Dasein alles ihm begegnende Seiende, die Dinge, die Lebewesen, die Mitmenschen und sich selbst in vollständig anderer Weise, in ganz anderer Nähe und Ferne und in völlig verschiedenem »zeitlichem Fluß« wahrnimmt und versteht, als wenn es in Gestalt eines kämpfenden Soldaten auf Wut und Angriff oder auf Angst gestimmt ist, oder als Kaufmann oder Techniker auf frohgemute, aber egoistisch berechnende eigene Vorteile bedacht an die Dinge seiner Welt herangeht oder als wissenschaftlicher Forscher in kühl distanzierter sachlicher Gemütsverfassung seine Um- und Mitwelt betrachtet.

Vom Lieben werden wir deshalb nie mehr nur als von einer bloßen »Bewegung«, einem »Akt«, oder einer bestimmten »Einstellung« (PLATO, SCHELER, ALLERS, JASPERS) sprechen dürfen, geschweige denn, daß wir es weiterhin nach alter naturalistischer Art und Weise gar als eine bloße innerpsychische oder intra-subjektive »Empfindung«, ein »Gefühl«, einen »Affekt« oder einen mehr oder weniger »sublimierten Trieb« verkennen könnten. Sobald wir vielmehr den liebenden Menschen nicht mehr zum vorneherein aus irgendeiner einseitigen theoretischen Perspektive heraus gedanklich in die Abstraktionen solcher bloß vorhandener Gegenstände und psychologischer Begriffe auflösen und destruieren, werden wir wieder inne, daß dem Lieben eines Menschen recht eigentlich der Rang einer ganz besonderen Vollzugsweise seines ihn auszeichnenden In-der-Welt-Seins zukommt.

Die schlichte, selbstverständliche, im Grunde jedermann geläufige Einsicht zwingt uns freilich, wenn wir sie nur ernst genug nehmen, zu nichts Geringerem, als daß wir eine meist ganz unbedachte, aber zentrale philosophische Voraussetzung der Naturwissenschaften als ein Vorurteil erkennen. Denn das naturwissenschaftliche Denken ist des Glaubens, es gebe eine zum vorneherein feststehende »Objektivität«. Infolgedessen müßte auch allen Menschen nur die eine, allgemeine, »objektive« Welt als die eigentliche »Realität« gegeben sein.

Schon der Biologe v. UEXKÜLL hat aber durch seine Untersuchungen über die Umwelten der Tiere nachweisen können, daß »es nichts als eine Denkbequemlichkeit ist, von der Existenz einer einzigen, objektiven Welt auszugehen, die man möglichst seiner eigenen Umwelt angleicht und die man nach allen Seiten räumlich und zeitlich erweitert«[6]. Daß dieser Autor freilich die sogenannten tierischen Umwelten unbedacht und grundsätzlich dem »Welt-haben« des Menschen gleichsetzt, kommt einer unerlaubten Anthropomorphisierung der Tiere gleich. Da nämlich die Tiere nicht sprechen können, bleibt uns für immer verschlossen, welcher Art ihre Beziehungen zu dem, was wir Dinge nennen, sind, ob sie überhaupt so etwas wie »Welt« in einem menschlichen Sinne kennen, im Sinne nämlich eines Offenheitsbereiches, in dem das darin Erscheinende in seinem Bedeutungsgehalt und in seinen Verweisungszusammenhängen sich zu zeigen vermag. In bezug auf die verschiedenen, für uns erkennbaren, weil sagbaren Existenzmöglichkeiten des Menschen hat aber schon v. UEXKÜLL mit Recht darauf hingewiesen, daß sich ein und das nämliche Weltding, eine Eiche im Walde etwa, zum Beispiel einem Jäger, einem schwärmerischen jungen Mädchen oder einem nüchternen Holzhändler, in sehr verschiedener Weise zu zeigen pflegt und sie dementsprechend sich ihm gegenüber auch ganz anders verhalten läßt[7].

Noch früher, als erster unter den modernen Psychologen, hatte C. G. JUNG auf die präzisen Entsprechungen zwischen der eigenen Verfassung eines Daseins und den ihm möglichen Liebesverhalten den Mitmenschen gegenüber hingewiesen. Freilich glaubte er, diese faktisch und stets aufweisbare strenge Korrespondenz durch die komplizierte Hypothesenbildung im Sinne subjektivistischer, innerpsychischer Archetypen-Vorstellungen, des »animus«- und »anima«-Begriffes vor allem erklären zu müssen. Ungeachtet der völligen Über-

---

[6] v. UEXKÜLL: Nie geschaute Welten. Die Umwelten meiner Freunde, S. 20.
[7] v. UEXKÜLL: Theoretische Biologie, 2. Aufl., S. 232.

flüssigkeit dieser sekundären gedanklichen Unterstellungen hat C. G. JUNG[8] mit seinem Hinweis auf die wesensmäßige Einheit von menschlichem Dasein und Weltbezug die später irreführende Einseitigkeit der KLAGESschen Definition der Liebe als eines einsamen, idiopathischen, erotischen Rausches[9] korrigiert, lange bevor sie begangen wurde. Darüber hinaus wurde von ihm in diesen Formulierungen die für uns entscheidende Einsicht in die Einheit von Selbst und Weltbezug vorbereitet.

Indessen, wir sagten es schon, blieb es MARTIN HEIDEGGER vorbehalten, die notwendige ontologische Vorarbeit für die Psychopathologen zu leisten. Er erst war es, der uns die wirklich zureichenden Einsichten in das Eigene, in die grundlegende Wesensart des Menschseins im ganzen und der menschlichen Verhaltensweise des Liebens im besonderen vermittelte, die notwendig war, um auch die wissenschaftliche Lehre von den sexuellen Perversionen auf einen tragfähigen Boden stellen zu können. Denn HEIDEGGER ist, soweit wir das gesamte bisherige philosophisch-ontologische Denken des Osten und Westens zu überblicken in der Lage sind, der »sachlichste« unter allen großen Philosophen. Das will sagen, daß sein Denken unserer »Sache«, dem Menschsein, am vollkommendsten entspricht und gerecht wird.

HEIDEGGERS Daseinsanalytik bestimmt das Menschsein, so hörten wir, als ein In-der-Welt-Sein im Sinne eines je gestimmten, Welt durchspannenden Offenständigseins. Als solches Offenständigsein ist menschliches Existieren gebraucht und wird in Anspruch genommen als jener gelichtete weltoffene Bereich, in den hinein überhaupt erst etwas anwesen, d. h. zu seinem Vorschein, zu seinem Sein zu gelangen vermag. Gleich ursprünglich ist solches In-der-Welt-Sein aber immer auch schon von allem Anfang an ein Miteinander-

---

[8] Vgl. u. a. C. G. JUNG: Die Beziehungen zwischen dem Ich und dem Unbewußten. Darmstadt 1928, S. 117 ff. und: Psychologie und Alchemie. Zürich, 1944.
[9] L. KLAGES: Vom kosmogonischen Eros. 3. Aufl. Jena 1930, S. 76 f.

sein mit den anderen Menschen. Darum geht es dem menschlichen Dasein von Grund auf nie um es selbst als um ein in sich abgeschlossenes Individuum. Auf Grund des Wesenszuges des primären Mitseins geht es ihm stets ebenso sehr um die Mitmenchen wie um es selbst. Selbstverständlich umspannen die ontisch feststellbaren Vollzugsweisen dieses primären Um-die-anderen- und Um-sich-selber-Gehens eine überaus weite Skala. Sie reicht von einem gleichgültigen Sich-abwenden vom anderen oder von sich selbst bis zum rückhaltlosen Sich-einsetzen. Immer ist aber auch jenes auf die Mitmenschen bezogen, ist ein Miteinandersein. Stets geht es dem Dasein des Menschen also um dieses selbst, gerade auch dann, wenn es ihm um die anderen geht.

Die daseinsanalytisch-ontologische Bestimmung menschlichen Existierens als In-der-Welt-Sein leistet mithin am allerwenigsten einem Solipsismus oder Subjektivismus Vorschub. Vielmehr ist die Daseinsanalytik bis heute allein in der Lage, die wissenschaftlichen Lehren von den mitmenschlichen Beziehungen überhaupt, auch alle Soziologen zum Beispiel, angemessen zu fundieren. Vor allem aber hängt ein sachgemäßes Verstehen aller jener mitmenschlicher Beziehungen, die man Liebesphänomene nennt, von einem rechten Begreifen des spezifisch-menschlichen In-der-Welt-Sein ab, gerade weil dabei immer zugleich und immer schon ein primäres Miteinandersein mit den anderen mitverstanden werden muß. Dieses primäre Mitsein unseres Existierens ist wesensmäßig von solcher Art, daß es ein ganz ursprüngliches Miteinandersein der Menschen unmittelbar bei denselben Dingen einer gemeinsamen Welt ist. Es ist ein Miteinandersein, in dem Sinne, daß jeder von uns und jeder auf seine besondere, einzigartige Weise am gemeinsamen menschlichen Aushalten des Offenständigkeitsbereiches unserer Welt teilhat. Es ist dabei ein Miteinandersein bei den Dingen unserer Welt selbst. Nie schauen wir zunächst etwa nur irgendwelche supponierte innerpsychische Vorstellungen oder Abbildungen sogenannter Außenweltsobjeke innerhalb eines hypothetischen, für sich

bestehenden subjektiven Ich-Bewußtseins an. Mit der daseinsanalytischen Einsicht in das primäre menschliche Miteinandersein vollzieht sich nichts Geringeres als die vollkommene
Sprengung der bisherigen Auffassung vom Menschen als einer
zunächst für sich bestehenden Subjektivität. Und in der Tat,
wären die Menschen faktisch primär für sich bestehende
Subjekte oder Ich-Bewußtseine, könnten wir uns miteinander
immer nur indirekt über innerpsychische Imagines von Außen-
weltsobjekten oder Mitmenschen unterhalten. Davon ist indessen beim wirklichen Miteinandersein der Menschen gar
keine Rede. Die Einsicht in das primär den gesamten Of-
fenheitsbereich unserer Welt durchspannende menschliche In-
der-Welt-Sein und Miteinander-Sein unmittelbar bei denselben Dingen unserer gemeinsamen Welt selbst verstattet auch
das Sehen des nicht minder primären Teilhabens eines jeden Menschen an den Verhaltensmöglichkeiten aller ihm begegnenden Mitmenschen, über die diese in bezug auf die
uns gemeinsam begegnenden Dinge verfügen.

Auch jenes Phänomen nun, das wir Geschlechterliebe zu
nennen pflegen, besteht seinem Wesen nach in nichts anderem als in gegenseitiger, besonders inniger Teilhabe zweier
Menschen an den Beziehungsmöglichkeiten den begegnenden
Dingen und Mitmenschen gegenüber, die jeweils das Dasein
des Partners konstituieren. Im besonderen handelt es sich
bei Liebespartnern jeweils um zwei Existenzen, von denen
die eine zur Hauptsache aus männlichen Verhaltensmöglichkeiten gegenüber den ihr begegnenden Dingen und Mitmenschen besteht, während die andere im wesentlichen auf weibliche Beziehungsmöglichkeiten beschränkt ist. Beide können
die gegengeschlechtlichen Verhaltensweisen nicht aus sich selbst
heraus sich aneignen und vollziehen. Sie vermögen solchen
Austrag gegengeschlechtlicher Weltbezüge nur im Miteinandersein mit dem Partner und durch diesen hindurch zu erfahren. Immer kommt ferner bei allen geschlechtlich betonten
Liebesgestalten den Leiblichungsphänomenen dieser mitmenschlichen Beziehungen eine wesentliche Bedeutung zu. Das gibt

ihnen den Charakter einer besonderen Art von Nähe und Innigkeit, einer Nähe und Innigkeit freilich, die in den verschiedenen Liebesbeziehungen von außerordentlich unterschiedlicher Freiheit zu sein pflegen.

Ein derartiges liebendes Teilhaben am Existieren des anderen, ein solches Einswerden im Bezogensein auf die Erscheinungen der gemeinsamen Welt, das die gegengeschlechtliche Leiblichkeit des andern mitumfaßt, bedeutet eine ungeheure Bereicherung und Erfüllung menschlichen Daseins. Je vollkommener aber das Gesamt existentieller Möglichkeiten faktisch vollzogen werden kann, um so glücklicher ist solches Existieren in sich gestimmt. Darum zeichnet sich das liebende Miteinandersein von Mann und Frau stets durch ein besonders glückhaftes Gestimmtsein aus. In der Verfassung einer mitmenschlichen heterosexuellen Partnerliebe, die eine Teilhabe an der Fülle mann-weiblicher Vernehmens- und Verhaltensweisen verbürgt, vermögen sich dieser Fülle an Weltbezügen entsprechend auch die sich uns zeigenden Dinge und Mitmenschen in seltener Vollendung zu zeigen.

Zum Verständnis des menschlichen Liebens also, des liebenden Miteinanderseins in seinen normgemäßen wie auch in allen seinen pathologischen Vollzugsweisen bedarf das daseinsanalytisch recht verstandene In-der-Welt-Sein keineswegs noch irgendeiner Ergänzung durch ein »Über-die-Welt-hinaus-Sein« oder eines besonderen »dualen Daseinsmodus«. Eine derartige Ergänzung ist schon aus dem Grunde widersinnig, weil »Welt« in der ontologischen Bestimmung des In-der-Welt-Seins nie und nimmer bloß das Gesamt der als alltäglich endlich, zweckdienlich beschränkt vorgestellten, an und für sich vorhandenen, isolierten Gegenstände und Lebewesen meint. »Welt« heißt, wie wir sahen, daseinsanalytisch vielmehr stets »Weltoffenheit«, »Weltentwurf« im Sinne eines »Welt-*Er*wurfes«, eines Er-öffnens jenes Offenständigseins, das den gesamten räumlich-zeitlichen Bereich einer Lebensgeschichte durchspannt. In den gelichteten Weltbereich hinein aber, als der menschliches Dasein wesensmäßig existiert, kann alles, was ist, zu seinem Vorschein und Anwesen gelangen, nicht nur alles erdhaft Vorhandene und irdisch Menschliche, sondern auch alles Göttliche und Himmlische.

Schon der bloße Versuch an und für sich, die ontologische Bestimmung des Menschseins als In-der-Welt-Sein durch »die Liebe« ergänzen zu wollen, verrät dagegen, daß an dieser Bestimmung der wesentliche Grundzug des Miteinanderseins völlig übersehen wurde. Selbst die daseinsanalytische Kennzeichnung des In-der-Welt-Seins als »Sorge« darf nicht zu einem Ergänzungsversuch durch »die Liebe« verleiten. Wer einer solchen Verführung erliegt, beweist damit nur, daß er den ontologisch-existentialen Sinn dieses Titels »Sorge« nicht sieht, sondern ihn mit einer Beschreibung der ontisch feststellbaren Gemütsverfassung des griesgrämigen Bedrücktseins verwechselt. In Wirklichkeit jedoch gehören alle nur immer möglichen Verhaltensweisen des Menschen in den Horizont der ontologisch verstandenen »Sorgestruktur« oder des In-der-Welt-Seins hinein, lange nicht nur das Bekümmertsein um etwas oder um jemanden, sondern auch das Sorgen für jemanden, ganz ebenso wie das liebevolle Mit-ihm-Sein.

VII. Die Beeinträchtigungen des normgemäßen Liebesverhaltens bei sexuell perversen Menschen

Das volle, normgemäße Lieben eines Mitmenschen darf nie mit einer »Normalität« im Sinne der faktischen, zahlenmäßig häufigsten Durchschnittserscheinung verwechselt werden. Es ist vielmehr als jener Vollzug unseres Existierens zu verstehen, in dem sich dieses in der ihm voll entsprechenden Fülle seiner Verhaltensmöglichkeiten gegenüber dem ihm Begegnenden auszutragen vermag.

Da nun die Naturwissenschaft und mit ihr auch die naturwissenschaftliche Medizin und Psychopathologie aus der ganzen Fülle an menschlichen Beziehungsmöglichkeiten zu den

Dingen nur jenen *einen* Zugang zu ihnen herausgreift und auf ihn sich beschränkt, der es auf das Berechnen und Beherrschen abgesehen hat, können unmöglich diese naturwissenschaftlich-medizinischen Disziplinen die zuständigen Interpreten für normgemäße menschliche Liebesphänomene sein. Eher sind dies die Dichter, die mit Recht den Anspruch der Naturwissenschaft, auch im Bereiche der Liebe das allein wahrheitsschaffende Verfahren zu sein, als anmaßende Verabsolutierung zurückweisen.

So finden wir etwa als einen besonders schönen Beleg dichterischer Erfassung der weitenden und nähernden, alle rechnerische Meßbarkeit überwindenden Macht der Liebe die Worte der Schlußstrophe von GOETHES Gedicht »Nähe der Geliebten«: »Ich bin bei Dir, Du seist auch noch so fern, Du bist mir nah ...« Andererseits hat die Aufhebung der üblichen Auffassung von der Zeit als einer bloßen, meßbaren Abfolge von lauter Jetztpunkten wohl NIETZSCHE auf die prägnanteste Formel gebracht, als er schrieb: »Liebe denkt nicht an Länge, sondern an Augenblick und Ewigkeit.« Auch SHAKESPEARE weiß, wie es uns sein 66. Sonett sagt, daß nie ein Mensch geliebt hätte, wenn die Erfahrung ewiger Dauer ein Irrtum wäre. »If this be error«, sagt er dort, »and upon me proved, I never writ nor no man ever loved«. Daß das Lieben eines Mitmenschen wirklich eine ganz andere Vollzugsweise menschlichen Existierens ist als das durch eigensüchtige Zwecke und Ziele bestimmte Verhalten alltäglicher Praxis, daß sich im Lichte des liebenden Miteinanderseins bei den gemeinsamen Dingen der Welt deren Antlitz sich radikal verändert, sagen uns vor allem auch die Verse der großen Liebenden ELIZABETH BARRET-BROWNING im 7. der »Sonnets from the Portuguese«: »The names of country, heaven, are changed away for where thou art or shallt be«.

Der besondere Charakter des liebenden Verhaltens zeitigt auch die ihm entsprechenden eigenständigen Leiblichungserscheinungen. So vermag das Lieben zweier gesunder, reifer, gegengeschlechtlicher Menschen selbst die so starren Grenzen unseres individuellen, durch eine Epidermis weitgehend in sich eingeschränkten Leibes im Geschlechtsakt durch das Wunder der Befruchtung zu überwinden; fließen dabei doch faktisch, materialhaft männliche und weibliche Substanzen zur neuen Einheit eines gemeinsamen Kindes zusammen. Darum hat denn auch kein geringerer als der Biologe AUGUST WEISMANN den Ausdruck von der »Ewigkeit des Keimplasmas« geprägt. Ebenso entgrenzt sich im pathisch triebhaften sexuellen Orgasmus die alltägliche Endlichkeit der Zeit und des Raumes in der Erfahrung eines allgemeinen, ewigen und unendlichen »Vitalstromes« (KLAGES). Deshalb sagt auch NIETZSCHE in seinem »trunkenen Lied«: »Lust will aller Dinge Ewigkeit, will tiefe, tiefe Ewigkeit«.

Freilich vermag sich Ganzheit und Entschränktheit in diesen Erfahrungen des leiblich-triebhaften Liebesverhaltens nur durch die ständige Wiederholung des Befruchtungsvorganges und des orgiastischen Sexualrausches in die Welt zu bringen. Weit über diese ihre bloß naturhaften Ansätze hinaus und zugleich sie alle in sich bergend und aufhebend kann sich die Fülle menschlicher Existenzmöglichkeien doch erst im liebenden Miteinandersein zweier verantwortlicher selbständiger, frei einander sich schenkender und sich empfangender gegengeschlechtlicher Partner zu ihrem Austrag bringen. Wer jedoch auf dieser leiblich-geistigen Stufenleiter emporsteigen will, warnt MAX SCHELER, »der fällt, wenn er den zweiten Schritt vor dem ersten machen will« [1].

In der konkreten Wirklichkeit menschlicher Liebesbeziehungen zeigt es sich nun, daß sehr viele Menschen in irgendeinem Grade und Ausmaße so sehr in einem auf Eigensinnigkeit und Eigenmächtigkeit ausgerichteten oder auf Enge und Angst gestimmten Weltverhältnis befangen sind, daß die Fülle und Hellsichtigkeit des liebenden Existierens weitgehend verdeckt bleiben.

Allen konkreten Liebes- und Sexualstörungen liegt zutiefst

---

[1] A. a. O., S. 154.

eine solche übermäßige Verdeckung der Möglichkeiten des liebenden Existierens durch ein auf Vereinzelung, auf Eigensinnigkeit oder Angst gestimmtes Verhalten zugrunde. Ist das Liebenkönnen im Bereich seelisch-geistiger Beziehungsmöglichkeiten durch ichhafte Enge oder Angst beeinträchtigt, so treten die zu einem rein leiblich-triebhaften Sexualakt eingeschränkten und verstümmelten Liebesgestalten in Erscheinung. Dabei muß zunächst immer offengelassen werden, ob diese Enge durch mangelhafte Reifungspotenzen aus sogenannten konstitutionellen Gründen oder durch exogene, um- und mitweltliche Prägungen und Reifungsbehinderungen oder durch beides zugleich bedingt wurde. Weil diese Art existentieller Verstümmelungen in unserer technifizierten Gesellschaft so häufig ist, weil auch für das Verdikt »krank« meist nur die hier ja ungestörte leiblich-sensuelle Funktion maßgeblich ist, werden sie für gewöhnlich nicht zu den pathologischen Phänomenen gerechnet.

Oft genug indessen *leiblicht* sich diese nämliche, auf egoistische Gier oder auf unselbständige Angst oder auf irgendeine andere Enge gestimmte »Verstimmung« auch in der diesen Verstimmungen entsprechenden Weise. Dann haben wir es mit den bekannten, handgreiflichen Sexualstörungen der Klinik zu tun, mit Impotenzen, Frigiditäten und sexuellen Perversionen.

Von diesen Sexualstörungen lassen gerade die sexuellen Perversionen, deren Sinn und Gehalt zu begreifen wir uns vorgenommen haben, ganz besonders deutlich und in der vielfältigsten Weise die Verdeckungen zutage treten, die den normgemäßen Liebesmöglichkeiten des Daseins in den Verstimmungen auf Angst, Ekel und Trübsinn widerfahren. Die Beeinträchtigungen der liebenden Verhaltens- und Erfahrungsweisen der sexuell perversen Menschen aufzudecken, betrachteten wir als das wichtigste Ziel der vorliegenden Arbeit.

Unser Weg zu diesem Ziel zwingt uns zu einer möglichst unbefangenen, theoretisch unverbauten Teilnahme an einigen konkreten Lebensschicksalen sexuell perverser Menschen. Es

ist eine kleine Auswahl aus den Erfahrungen unserer psycho-
therapeutischen Praxis. Der anhand dieser begrenzten Zahl
von Kranken gewonnene Verstehenshorizont vermag indessen auch unsere sämtlichen anderen Beobachtungen an über
zweihundert weiteren sexuell perversen Menschen in sich zu
fassen. Aus bald ersichtlichen Gründen führen wir unsere
Krankengeschichten in der folgenden Reihenordnung an:

A. Ein Fetischist
B. Ein Koprophiler
C. Eine Kleptomanin
D. Ein Voyeur und Exhibitionist
E. Ein Sadomasochist
F. Drei Homosexuelle (1. eine psychoneurotische Homosexuel-
le, 2. ein psychotischer Homosexueller und 3. eine »kon-
stitutionelle« Homosexuelle).

A. EIN FETISCHIST

Die beiden Eltern Konrad Schwings hatten nie gut zueinander gepaßt. Die starre, hochmütige, aristokratische Art der
Mutter vertrug sich von Anfang an schlecht mit dem stil-
len, weichen, lebensfremden Vater, von dessen Vorfahren
man sagen hörte, sie seien meist abenteuerliche Menschen
gewesen, die nicht allzu fest auf dem Boden der Wirklichkeit standen. Von eigentlichen Geisteskrankheiten war allerdings in der ganzen großen Familie nicht ein einziger Fall
bekannt geworden. Die Mutter Konrad Schwings kümmerte
sich nur insoweit um die Familie, als sie im Laufe der Zeit
fünf Kinder zur Welt brachte, im übrigen aber gänzlich
im gesellschaftlichen Leben aufging und Haushalt, Ehemann
und Nachwuchs völlig den Dienstboten überließ. Insbesondere
stand sie mit Konrad, ihrem Ältesten, von seiner frühesten Jugend auf in einem betont schlechten Verhältnis.
Sie ließ ihn ihre Abneigung so deutlich spüren, daß er bald
zu einem schwierigen, trotzigen und unfolgsamen Buben wur-

de, der die Mutter nun auch seinerseits provozierte, wo er nur konnte. Zärtlichkeiten lernte er bei ihr überhaupt nie kennen. Sie duldete nicht einmal, daß er sie körperlich berühre. Wenn die gesellschaftliche Form einen mütterlichen Kuß gebot, sah Konrad immer, wie sich dabei das Gesicht der Mutter ganz unnatürlich verkrampfte, und es war ihm, als schrumpften dann ihre Lippen ein. Ebenso unnatürlich verhielt sich die Mutter allen kreatürlichen Bedürfnissen ihrer Kinder gegenüber. Stuhl und Urin z. B. durften in ihrer Gegenwart nicht einmal mit den üblichen Kinderworten erwähnt werden.

Gegenüber dieser feindlichen Macht der Mutter bedeutete Konrad Schwing der schwache Vater keinerlei Gegengewicht. Dieser Vater ging so still seinen Geschäften nach, daß man ihn kaum im Hause bemerkte. Um den Ärgernissen mit ihrem Ältesten zu entgehen, wußte es die Mutter bei ihrem Manne denn auch leicht durchzusetzen, daß Konrad schon nach den ersten Schuljahren nach auswärts in ein Internat gegeben wurde. Dort aber fühlte sich der Knabe erst recht unglücklich. Er war bereits so eingeschüchtert, daß er zu seinen neuen Schulkameraden keinen Zugang mehr fand. Es blieb ihm darum nichts anderes übrig, als sich mehr und mehr in eine eigene Phantasiewelt zurückzuziehen.

Junge Hochstapler hatten daher leichtes Spiel mit ihm, wenn sie seinen Phantasien entgegenkamen, rissen ihn rasch zur Bewunderung hin und verführten ihn bis in seine späteren Mannesjahre hinein immer wieder zu unglückseligen, der Wirklichkeit hohnsprechenden Abenteuern. So verscherzte, verspielte und verträumte er trotz seiner guten Intelligenz und mancherlei Begabung seine großen beruflichen und gesellchaftlichen Chancen und blieb ein akademischer Gelegenheitsarbeiter.

Aus seinem erotischen Erleben wußte uns Konrad Schwing des bestimmtesten zu berichten, daß er schon als ganz kleiner Bub die Mädchen sehr gerne sah. Öfter sei es vorgekommen, daß er mitten auf der Straße ein wildfremdes

Mädchen umarmte und mit großer Innigkeit küßte. Dann allerdings sei unter dem Druck der häuslichen Konflikte und der Schwierigkeiten im Internat wie jede andere Freude auch die an den Mädchen untergegangen. Und als sich dann nach langem Unterbruch im Verlaufe des körperlichen Pubertätsschubes die ersten eigentlich sexuellen Regungen spürbar machten, waren es gar nicht mehr weibliche Wesen, die ihn reizten, so wie sie an und für sich waren, sondern nur dann, wenn sie Leder oder Pelze auf sich trugen. Schon diese Dinge allein gewannen für ihn mehr und mehr sinnliche Anziehungskraft. Zuerst war es das Leder gewesen, das einen eigenartigen, deutlich sexuellen Kitzel bei ihm auslöste, namentlich Leder feinerer Art, schon ein einfaches Stück Leder, noch viel mehr aber ein Lederhandschuh. Auch Pelzstücke, ganz besonders Bärenfell oder gar Bärenfellhandschuhe faszinierten ihn mächtig und versetzten ihn, wie er sagte, in einen seligen Zustand. Es mußten aber stets Damenhandschuhe sein. Wenn Herren Lederhandschuhe trugen, war ihm dies eher abstoßend, ja er empfand es beinahe als »pervers«. Ein ähnlicher Zauber strömte für ihn von Lederstiefeln aus, wiederum ausschließlich von Damenreitstiefeln, während ihn Männerstiefel völlig kalt ließen. Wo und wann immer er mit solchen Gegenständen in Berührung kam oder sie auch nur erblickte, »verwandelte sich«, um mit seinen eigenen Worten zu sprechen, »die ganze Welt«. Was eben noch »graue Sinnlosigkeit« seines armseligen, einsamen und erfolglosen Alltags war, »fällt dann«, sagte er, »im Nu von mir ab, und eine leuchtende Pracht strahlt von dem Leder auf mich über«. Ja, diese Ledergegenstände besitzen für ihn einen »eigentümlichen Heiligenschein«, der alle andern Dinge überstrahlt. »Es ist lächerlich, aber dann komme ich mir wie ein Märchenprinz vor. Eine unglaubliche Kraft, Mana, strömt aus diesen Handschuhen, Pelzen und Stiefeln und schlägt mich ganz in ihren Bann.« Zu andern Zeiten lauteten seine sogenannten freien Assoziationen, die er im Verlaufe einer psychoanalytischen Behandlung zu seinen fetischistischen Erfahrungen gab, folgendermaßen: »Gott Eros selbst nimmt in diesen Handschuhen und Stiefeln Gestalt an, oder besser, er schlüpft in sie hinein, und nur in sie, in nichts anderes.« »Der Frauenhandschuh, der Frauenpelz oder Stiefel ist für mich das sakrale Gefäß der Liebe. Nur in ihnen vermag sich Liebeslust, Sinnlichkeit und Seligkeit miteinander, vermag sich mein ganzes erotisches Sein zu konkretieren.« »Nur in dieser Form kann ich die Liebe leibhaftig spüren, nur mit einem Handschuh, einem Stiefel gelingt es mir, Gott Eros aus seiner Himmelsferne auf die Erde herunterzuholen. Und dann ist mir, als griffe er in diesen Handschuhen und Stiefeln nach mir, und so packt er mich, schüttelt mich und zerstampft mich in seinem Rausch und Orgasmus.« Ein anderes Mal betonte Konrad Schwing: »Nur wenn Gott Eros mit Handschuhen und Stiefeln oder mit Pelzstücken nach mir greift, kommuniziert er mit mir bis in meinen Körper hinein: Nackte Frauen, eine Frauenhand ohne Handschuh oder gar ein Frauenfuß ohne Stiefel bedeuten ihm sinnlich-sexuell gar nichts, sind ihm, wie er öfters sagte, wie leblose Fleischstücke in einem Metzgerladen. Ja, ein nackter Frauenfuß ist ihm sogar recht widerlich, wie denn überhaupt ein nackter Körperteil, die gewöhnliche Haut einer Frau ihm »eher unangenehm« ist, für ihn »etwas direkt Feindliches« an sich hat, ihn mit »Mißtrauen« und manchmal mit einem »richtigen Horror« erfüllt. Je mehr ein weiblicher Körperteil mit der Sexualität zu tun hat, die weibliche Brust z. B., oder je näher eine Körperpartie dem Geschlechtspol anatomisch gelegen ist, um so mehr macht ihn die Vorstellung einer konkreten Berührung mit ihm schaudern. An den eigentlichen, unmittelbaren genitalen Kontakt kann er nicht einmal denken ohne entsetzliches Schuldgefühl wie bei einem »Sacrilegium«. Ein Handschuh, ein Stück Pelz oder ein Stiefel »hebt« die Frau jedoch unvermittelt hinaus über »ihr borniert menschliches Allzu-Persönliches«, über das »kleinlich, bösartige Konkrete eines gewöhnlichen Weibes« und ihres »schauderhaften Genitale«, hebt sie empor ins »Überpersönliche«, ins »Übermenschliche und Untermenschliche zugleich, in etwas Allumfassendes Göttliches«. Denn, sagte er, Handschuh und Stiefel besäßen wohl menschliche Formen, aber sie seien »idealisiert, stilisiert«, und zugleich seien sie aber auch aus Tierhaut gemacht und hätten noch den tierischen Geruch des Leders an sich. »Ein Stück Leder oder Fell, das eine Frau um sich legt, löscht die enge, widrige Körperkontur gänzlich aus, alles wird dann hell und licht, und du siehst bis in den Himmel hinein, und du glaubst, du hättest die Liebesgöttin in persona vor dir, die dich umarmt.« Darum übermannt ihn dann auch, aber nur dann, entweder in alleiniger Gegenwart seiner Fetische, oder wenn sich seine Partnerin ihnen unterordnet, seine eigene männliche Sinnlichkeit in höchstem Maße, er gerät in eine unbeschreibliche leiblich-sexuelle Erregung und ist in überdurchschnittlichem Grade potent.

Einmal, mit 31 Jahren, glaubte er die Liebesgöttin doch in der Gestalt einer wirklichen Frau gefunden zu haben. Er verliebte sich in ein junges Professorentöchterchen. Allen seinen Bekannten fiel die große Ähnlichkeit seiner Freundin mit seiner Mutter auf, nur er selbst wollte davon nichts merken. Mit diesem Mädchen träumte er Abende lang vom zukünftigen Liebesglück, phantasierte seiner Geliebten die schönsten Liebesnächte vor, wenn sie erst einmal verheiratet sein würden. Er wußte dabei diese seine Liebesphantasien aufs schönste mit Beispielen antiker Götterspiele zu untermalen, da er inzwischen Altphilologe geworden war und sich fast ausschließlich dem Studium antiker Mythologien gewidmet hatte. Diese hochgeistige Note in seiner Liebe machte dem Professorentöchterchen einen mächtigen Eindruck, und da er auch selbst ehrlich an das gemeinsame Glück glaubte, hatte er bald seine Geliebte von der Einzigartigkeit seiner Liebe überzeugt. Trotz großer äußerer Widerstände setzte sie deshalb die Heirat nach halbjähriger Brautzeit durch. Konrad Schwing aber hatte insgeheim die ganze Zeit über »als Selbstverständlichkeit« vorausgesetzt, daß ihm in der Ehe

seine »Frau im Zauberland der Handschuhe, Pelze und Stiefel folgen werde«. Mit einer solchen Selbstverständlichkeit hatte er diese besondere, fetischistische Form seiner Liebeswelt
als normal und als sein gutes Recht in Anspruch genommen, daß er seiner Frau vor der Ehe nie davon sprach,
ohne weiteres jedoch annahm, daß auch sie darum als um
ihrer beider gemeinsames und intimstes Liebesgeheimnis wisse.
Unbeschreiblich war daher die Enttäuschung auf beiden Seiten. Als die junge, unerfahrene Frau seinem »heiligen Liebeskult«, wie er es nannte, mit völligem Unverständnis begegnete, nur höchst widerwillig und gezwungenermaßen Pelze
um sich band und vor dem Liebesakt Bärenfellhandschuhe
oder Stiefel anzog, entzauberte sie durch ihren inneren Widerstand natürlich selbst die schönsten Fetische und nahm
ihnen alle Kraft. Die Frau ihrerseits war aus allen Wolken
gefallen, als sich ihr Mann ohne Fetische als gänzlich impotent erwies. »Durch ihre Phantasielosigkeit«, so sagte Konrad
Schwing, »verpaßte meine Frau gleich zu Beginn unserer Ehe
den Zugang zu meinem Zauberland.« Sie blieb eben draußen
in der Welt der »gewöhnlichen Dinge« und trat nicht ein
in »die Sphäre tiefster Bindung und schrankenloser Kommunion«.

Halten wir uns nun, wie es die daseinsanalytische Betrachtungsweise verlangt, möglichst an die Formulierungen, in
denen sich dieses Dasein während der Psychoanalyse lebens-
und liebesgeschichtlich selbst aussprach, und fügen wir möglichst keine eigenen theoretischen Konstruktionen hinzu, so
müssen wir feststellen, daß nur einmal in seinem Leben
unserem Konrad Schwing der Zugang zum weiblichen Geschlecht gefühlsmäßig unverbaut, direkt aus dem Herzen heraus offenstand, damals nämlich, als er mit 5, 6 Jahren
wildfremde Mädchen mitten auf der Straße mit großer Innigkeit und Herzlichkeit zu umarmen und zu küssen pflegte.
Bald aber verschloß sich seine Welt. Er verengte sich zu
einer trotzigen, störrischen Zurückgezogenheit und zu einem
armseligen, trostlosen Alleinsein. Vor allem war es die Mut-

ter Konrad Schwings, die bei ihm, statt ihrer mütterlichen Aufgabe gerecht zu werden und ihrem Sohn als taugliches Modell zu dienen für alle späteren Liebeskommunikationen mit den Mitmenschen, das Liebenkönnen durch ihre Kälte, Starrheit und beschränkte Prüderie allen kreatürlichen Leibfunktionen gegenüber radikal versperrte. Darum wurde ihm die ganze Welt kalt und unvertraut. Ja, in seinen Träumen konnte sich z. B. plötzlich die Leiche seiner Mutter in sonnige Landschaften hineinschieben und ihm sogar in seinem Traumdasein nicht einmal mehr die Liebe zur Natur ungetrübt lassen. Durch ihre unnatürliche Prüderie hatte sie ihm auch die leibliche Sphäre seines menschlichen Existierens entfremdet und verstellt. Sein eigener Körper war ihm zu einem bloßen Instrument seiner Fortbewegung und seiner Handgreiflichkeit geworden. Die Leiblichkeit der andern gar, der Frauen im besonderen, war seinem Erfahren schon gänzlich unzugänglich. Nie konnte, wie wir sahen, der nackte Leib einer Frau für ihn den Charakter eines bloß vorhandenen Dinges verlieren und aus der bloßen Sachlichkeit, aus der weltlich-feindlichen Enge und Isoliertheit heraustreten. Stets blieb ihm ein nackter weiblicher Körperteil lediglich ein »Stück wie in einem Metzgerladen«, oder er flößte ihm gar »Mißtrauen«, »Ekel« und »Horror« ein. In seinen Träumen wuchs sich dieses Mißtrauen meistens zu ausgesprochen drohender Angst aus. Immer wieder erschienen ihm da verfaulte Frauenleiber, durchsetzt mit Würmern und Käfern. Oft schlüpften aus den Frauen auch Katzen und Schlangen. Die Katzen schnappten nach seinen Armen und Beinen, die Schlangen drohten, ihn zu umschlingen und zu ersticken. Das Gewürm hatte es vor allem auf seine Geistigkeit abgesehen. So wollte er sich einmal in einem Traum die größte Mühe geben, das Manuskript für eine wissenschaftliche Arbeit fertig zu kriegen. Jedes vollgeschriebene Blatt wurde jedoch sofort vom Gewürm eines neben ihm klaffenden tiefen Erdloches magisch angesogen und aufgefressen. Recht zahlreich waren bei ihm anderseits, genau wie beim Fetischisten

v. GEBSATTELS, eindeutige nichtfetischistische Inzestträume mit seiner Mutter, die ihn jedesmal in stärkste sexuelle Erregung brachten. Von seinen Fetischen dagegen träumte er interessanterweise nie, hatte sie offensichtlich im Traume nicht nötig. Regelmäßig waren jedoch solche Inzestträume gefolgt von schaurigen Gerichtsszenen, in denen ihn alte Richtergestalten zu schweren Strafen verurteilten, einmal zur Vierteilung, einmal zu einer gewaltsamen Beschneidung an seinem Glied.

In Anbetracht der Hartnäckigkeit, mit der solche Träume bei Konrad Schwing erschienen, und mit Rücksicht auf die massiven Gefühlsreaktionen, die mit ihnen in Erscheinung traten, läßt sich bei ihm, ganz abgesehen auch von der starken, manifesten äußeren Ähnlichkeit zwischen seiner Mutter und seiner Frau, am Bestehen und an der Bedeutsamkeit der in ihnen mit aller wünschbaren Deutlichkeit sich manifestierenden »Inzest- und Kastrationskomplexe« nicht zweifeln. Wiederum ist es bekanntlich das bedeutsame Verdienst der Psychoanalyse, auf diese wichtigen und zugleich ubiquitären Komplexe aufmerksam gemacht zu haben. Nur wird unsere Betrachtungsweise diese Inzest- und Kastrationsfurcht nicht mehr so, wie die psychoanalytische Theorie es in ihrer positivistischen Art meinte, auf bloße soziologische und später erbbiologisch verankerte Geschichtlichkeit zurückführen[2]. Ebenso wenig wird sie Ödipuskomplexe und Kastrationsfurcht als die eigentlichen *Ursachen* aller neurotischen Ängste und Verdrängungen gelten lassen können.

Der daseinsanalytischen Betrachtungsweise bedeutet vielmehr die Angst eine ganz primäre »Grundbefindlichkeit« des Daseins überhaupt (HEIDEGGER). Inzest-, Ödipus- und Kastrationsangst sind uns darum nur gleichsam Durchbruchs- und Einbruchsstellen der dem Dasein immanenten Angst. Dementsprechend vermögen wir beide, Inzestscheu und Kastrationsfurcht,

---

[2] S. FREUD: Drei Abh. zur Sexualtheorie, Ges. Schr., Bd. V, S. 101.

lediglich als relativ vordergründige Konkretierungen einer hintergründigen Urangst des vereinzelten Menschendaseins zu sehen. Allerdings hat FREUD, und das ist sein besonderes Verdienst, mit diesen beiden »Komplexen« sehr bedeutsame Einbruchsstellen dieser existentiellen Angst erfaßt, in der sich Dasein immer ängstigt *vor* seinem und *um* sein In-der-Welt-Sein zugleich (HEIDEGGER, a. a. O., S. 187). Hinter dem Inzest-*Verbot* nämlich steckt das *Gebot* zum Existieren in der tausendfältigen, individuellen Zerteiltheit menschlich-irdischen Lebens. Wie anders wäre sonst zu begreifen, daß einzig den überirdischen Göttern und Königen des Altertums das Recht auf Mutter- und Schwesterinzest vorbehalten blieb; jenen also, denen eben kein weltlich-endliches zerstreutes Dasein aufgetragen war, die vielmehr in ihren inzestgezeugten Söhnen immer wieder als die ewig einen und selbigen auferstehen durften? Auf dem Inzest der Sterblichen dagegen steht von alters her immer und immer wieder in all ihren Mythologemen, ihren Psychosen, Träumen und Phantasien die katastrophale Strafe der Kastration[3]. Die Schwere dieser Vergeltung nun läßt die ganze Größe der Existentialangst des Menschen *vor* der Übernahme seines Daseins als endlichen In-der-Welt-Seins ermessen. Denn offenbar bedarf es der gewaltigen Drohung mit Kastration, um ihn zur Überwindung dieser Angst zu zwingen und ihn an der Rückkehr und Flucht in die überirdische und überzeitliche, inzestuöse All-

---

[3] Vgl. hiezu J. LAYARD: The Incest Taboo and the Virgin Archetype, Eranos Jahrb., Bd. 12 (1945), S. 253 ff. Selbstverständlich, das ist dabei nie zu vergessen, verliert dadurch, daß wir diese »Kernkomplexe« der psychoanalytischen Theorie vor einen solchen Hintergrund stellen, die Herausarbeitung und Bewußtmachung ihrer individuellen Gestalt in der psychoanalytischen Behandlung des Einzelfalles nichts das geringste von ihrer enormen praktisch-therapeutischen Bedeutung und kann hier niemals durch bloße Hinweise auf ihren allgemeinen anthropologischen Untergrund ersetzt werden. Denn zum persönlichen Erlebnis, das allein therapeutisch wirksam ist, werden die generellen menschlichen Daseins-Konstituenzien nur durch ihre jeweiligen individuellen Konkretierungen hindurch.

Einheit zu verhindern. In der Furcht vor der Kastration selbst dagegen bricht zugleich auch die Angst *um* das In-der-Welt-Sein als Mensch durch, da in ihr sich ja das Dasein faktisch um seinen menschlich-endlichen Fortbestand ängstigt [4].

Bevor bei Konrad Schwing sich die Angst im Verlaufe der Psychoanalyse im Erfahren des Ödipus- und Kastrationskomplexes zu konkreten Furchtvorstellungen verdichten konnte, hatte sie sein Leben in ganz diffuser und schwer faßbarer Weise überschattet, wie es krasser meist nur noch bei Psychotikern und Primitiven zu geschehen pflegt [5]. »Wie durch einen Angstdeckel«, pflegte er zu sagen, »fühle ich mich immer eingeengt und isoliert. Ein Angstdeckel lastet dauernd auf meinem Herzen«. Angst aber ist die kennzeichnende Grundbefindlichkeit (HEIDEGGER) des auf sich selbst zurückgeworfenen, isolierten Daseins. Als solches ist sie der eigenste anthropologische Gegensatz der Liebe und stellt sich darum auch jedem Austragen der Fülle, Weite, Tiefe, Heimatlichkeit und Ewigkeit des liebend In-der-Welt-sein-Könnens radikal entgegen.

Im Menschen Konrad Schwing versperrte nun der Liebe, wie leicht aus seiner Lebensgeschichte heraus zu begreifen ist, in der eine abweisend kalte, starre, überprüde Mutter eine so bedeutsame Rolle spielte, ein auf Angst, auf feindliches Mißtrauen, auf Ekel, Horror und Schuldgefühle gestimmtes Existieren ganz besonders ihre Austragungsmöglichkeiten in Gestalt sinnlicher Beziehungen zu leibhaftig anwesenden Frau-

---

[4] Erst auf diesem ontologischen Grunde der Identität dessen, wovor und worum die Angst sich ängstigt — bezieht sich doch beides auf das In-der-Welt-sein schlechthin —, wird z. B. die scheinbar so paradoxe klinische Erscheinung möglich, daß Menschen, die sich in besonderem Maße vor dem Leben scheuen, sich immer auch ebenso sehr vor dem Sterben fürchten.

[5] Vgl. P. SCHILDER: Das Zerstückelungsmotiv, Allg. ärztliche Zschr. f. Psychotherapie, Bd. I, S. 23 ff. und ferner zu dem ebenfalls hierher gehörenden Phänomen des sog. Seelenverlustes: D. P. SCHREBER: Denkwürdigkeiten eines Nervenkranken. 1903, und J. G. FRAZER: The Golden Bough, II (The perils of the soul). London 1911, S. 26 ff.

en. Dagegen blieb diesem Kranken die Möglichkeit zu einem Liebesverhalten innerhalb des ätherischen Bereiches seiner phantasierend vergegenwärtigten Liebespartnerinnen und der späteren antiken Mythologiegestalten noch offen. Solche Flucht und solcher Rückzug ausschließlich in die ätherische Welt bedeutet aber immer auch ein Sich-Verflüchtigen und ein Sich-Versteigen. Eindrücklich kam denn auch Konrad Schwings Verstiegenheit in seinen Träumen zur Darstellung: bald in Traumbildern, in denen der Träumer immer viel zu hoch oben wohnte, in zu hohen Stockwerken oder in Häusern, zu hoch oben am Berg, über den anderen Menschen, bald in Szenen, in denen er von ungeheuren, unsichtbaren Gewalten von der Erde weg und hoch hinauf in die Luft bis in die Sonne hinein emporgerissen wurde.

Nicht einmal der mächtige Pubertätsschub an Sinnlichkeit und Triebhaftigkeit vermochte bei Konrad Schwing den übermäßigen »Angstdeckel« zu heben, zu dem sich seine Welt unter dem Einfluß der mütterlichen Lieblosigkeit und Unnatürlichkeit verhärtet, und den gewaltigen Angstbann zu brechen, mit dem diese Mutter alle konkret leiblichen und vor allem jede konkret leiblich-weibliche Gestalt belegt hatte. Auch als erwachsenem Mann noch blieb ihm deshalb der weibliche Leib völlig undurchsichtig, transparentlos für die Fülle liebender Erfahrung. Stets blieb ihm der faktische nackte Fuß z. B. einer geistig noch so geliebten Frau ein unangenehm widerliches Ding, und je näher, so sahen wir, eine Körperregion anatomisch oder funktionell dem weiblichen Geschlechtspol lag, um so mehr steigerte sich dieses Unbehagen zu ausgesprochener Angst und zu Ekel[6]. An das weibliche Genitale selbst konnte er nicht einmal *denken*, ohne von einem richtigen Horror gepackt zu werden, so sehr erschien ihm selbst das Denken daran als schauriges Sakrilegium.

---

[6] Vgl. das ganz analoge Verhältnis einer weiblichen fetischistischen Perversen bei H. v. HUG-HELLMUTH: Ein Fall von weiblichem Fuß-, richtiger Stiefelfetischismus, Int. Zschr. f. Psychoanalyse, Bd. 3 (1915).

So war denn auch seine Geliebte und spätere Ehepartnerin derart von seinen Angstmauern verdeckt, daß sich Konrad Schwing im unmittelbaren, normalen, leiblich-geschlechtlichen Kontakt mit ihr als gänzlich impotent erwies. Er mußte schon in die Sphäre allgemeiner Phantasien und unpersönlicher Mythologien entweichen, in jene ungeheure Verstiegenheit, in die ihn im Traum eine unwiderstehliche Gewalt emporgezogen hatte. Dann freilich konnte er sich mit seiner Partnerin die intensivsten imaginären Liebesnächte vorstellen. Denn seine »obersten« Regionen menschlichen Daseins waren ihm zugänglich und unverdeckt geblieben, erlaubten ihm deshalb noch ein Sich-einlassen auf sie. Doch nicht nur diese allerobersten Sphären hatte Konrad Schwing aller unmöglichen Erziehung zu Trotz von undurchdringlichen »Angstdeckeln« und »Angstmauern« freihalten können. Die Regionen möglichen Existierens in der Liebe vermochte er immerhin – und darum war er nicht ein Impotenter schlechthin, sondern eben ein Fetischist – bis »hinunter«, gleichsam genitopetal, bis zu den alleräußersten, periphersten, unpersönlichen und vor allem unleiblichen, geschlechtsfernen und zugleich anonymen Hüllen einer weiblichen Gestalt auszudehnen und somit Handschuh, Pelzstücke und Stiefel noch in sie, noch in seinen »Liebeskult« einzubeziehen. Wenigstens diese »idealisierten«, »stilisierten« Hüllen einer konkreten weiblichen Leibesgestalt also leuchteten ihm noch auf im Lichte seiner Liebe, erlaubten ihm noch den Durchbruch eines *Schimmers* immerhin eines »sinnlich-seligen, allumfassenden, tierisch-göttlichen, über- und untermenschlichen« Du-Erlebnisses, und zum mindesten sie waren ihm freigegeben als »Gefäße«, in denen sich »Liebeslust und Seligkeit« zugleich konkretieren konnten. Alle Austragungsbereiche des menschlichen Daseins jedoch, die gleichsam unter diesen Hüllen, noch näher gegen den Geschlechtspol der Frau lagen, wurden von den Schranken des Ekels und des Horrors in zunehmendem Maße verdeckt, vermauert und undurchlässig gemacht für den Klang des auf Liebe gestimmten Verhaltens dieses Menschen.

Erst auf der Basis einer so gearteten Existenzverfassung, scheint uns, kann Sinn, Gehalt und Erscheinungsbedingung des Fetischismus begriffen werden. Nicht aber konnte die alte und immer wieder, zunächst auch von FREUD herangezogene BINETsche Assoziationstheorie dem Wesen des Fetischismus gerecht werden. Diese Anschauung suchte bekanntlich die Perversionen und insbesondere den Fetischismus einfach auf mehr oder weniger zufällige Verknüpfung erster, frühkindlicher sexueller Erregungen mit irgendeinem gleichzeitig vorhandenen äußeren Gegenstand oder geschlechtsfernen Körperteil zurückzuführen[7]. Faktisch jedoch können derartige lebensgeschichtliche Momente nie den eigentlichen Sinn der spezifisch fetischistischen Ausschließlichkeit einer solchen Verknüpfung verständlich machen, auch wenn man z. B. mit H. SCHULTZ-HENCKE statt Assoziation »Koppelung« von Erlebnissen sagte und von ihr behauptete, es sei dies eine »Naturtatsache«, die eben »als auch Vorkommendes hingenommen werden« müsse[8]. Vielmehr sind bereits solche frühen sexuellen Erregungen an isolierten Gegenständen oder Körperteilen durchaus als erste Phänomene der bereits fetischistisch konstellierten Existenzstruktur des betreffenden Kindes zu werten. Allerdings wirken dann diese ersten fetischistischen Erlebnisse oft prägend für die Auswahl der besonderen Gestalt aller späteren Fetische, wie wir ja auch Prägungen des späteren normalen Liebespartners durch frühkindliche Eindrücke genügsam kennen. Weil die Beziehung des Kindes zur Mutter die erste und bedeutsamste konkrete Eintrittspforte der Liebe ist, können so viele Analysen vom Fetisch dann nachweisen, daß er seine besondere Formprägung oft bis ins kleinste Details der seinerzeitigen Mutterwelt verdankt. Jedoch muß dies keineswegs immer so sein.

---

[7] BINET, a. a. O., und FREUD: Drei Abh. z. Sexualtheorie, Ges. Schr., Bd. V, S. 27 und: Vorlesungen z. Einführung in die Psychoanalyse, Ges. Schr. Bd. VII, S. 361.
[8] H. SCHULTZ-HENCKE: Der gehemmte Mensch. Leipzig 1940, S. 54.

Gerade im Falle des Konrad Schwing ließ sich mit Sicherheit ausschließen, daß die Mutter oder eine andere Pflegeperson je Bärenfellhandschuhe getragen hätten. Bär und Fell sind aber schon an und für sich von eminent leiblich-sinnlicher »Bedeutung«, wie auch die Finger und namentlich die Füße ubiquitäre »Sexualsymbole« darstellen. »Sexualsymbol sein« aber heißt nichts anderes, als daß ein Ding aus sich selbst heraus mit besonderer Deutlichkeit auf den Existenzbereich der sexuellen Triebhaftigkeit verweist. Darum kann für Konrad Schwing unmittelbar vom Bärenfell aus, gleichsam mit Überspringen jeder Verknüpfung mit der individuellen, mütterlichen Liebeswirklichkeit, der ganze Zauber des überpersönlichen, menschlich-göttlichen Weiblichen schlechthin ausstrahlen, wie dies auch bei vielen anderen analogen Fetischen der Fall ist.

Auch die Psychoanalyse hatte bald die Unzulänglichkeit der BINETschen Assoziationstheorie der Perversionen erkannt und »in tieferer Schicht« dem Fetisch die Rolle einer sogenannten Deckerinnerung zugeschrieben. Damit war gemeint, daß er stets die unbewußte, verdrängte Bedeutung des mütterlichen Phallus besitze: verdrängt aus Kastrationsschreck[9]. Uns will jedoch dünken, eine solche Deutung sei eine für die psychoanalytische Theorie charakteristische konkretistische und positivistische Einengung, eine Einengung der ganzen Fülle des liebend In-der-Welt-sein-Könnens auf den Bereich eines bloßen Organs. FREUD selbst muß ihr übrigens gleich mit der Interpretation der Handschuhe und der Schuhe (den vielleicht häufigsten Fetischen überhaupt) als *weibliche* Sexualsymbole widersprechen (Drei Abh. z. Sex., Ges. Schr., Bd. V, S. 28, Anm. 2). Bei der Deutung weiblicher Wäschestücke als Fetische anderseits zwingt ihn seine Auffassung zu der gewaltsamen und höchst unwahrscheinlichen Konstruktion, es könnten diese Wäschestücke eben durch die Bekleidung und

---

[9] FREUD: Drei Abh. z. Sexualtheorie, Ges. Schr., Bd. V, 28, Anm. I, und »Fetischismus«, Ges. Schr., Bd. XI, S. 396.

Verdeckung der Genitalien sowohl das Vorhandensein des mütterlichen Phallus wie die Möglichkeit der Kastration offen lassen und dadurch den fetischistischen Reiz gewinnen.

Konrad Schwing jedenfalls erlebte zum mindesten das Bärenfell und die Bärenfellhandschuhe durchwegs, während der ganzen Analyse, in ausgesprochen weiblicher, unphallischer Bedeutung, und das nämliche zeigten zwei andere analysierte Fetischisten mit weiblicher Unterwäsche als Fetischen. Natürlich sind uns auch Perverse bekannt, deren Fetische phallische Bedeutung besitzen. Aber das war dann nie ein Problem des Fetischismus als solchem, sondern das der komplizierenden Homosexualität. Wir konnten bisher denn auch eine wesentliche phallische Bedeutung eines Fetisches nur bei Männern nachweisen, die sich in ihrer eigenen Daseinsgestalt zu wenig von ihrer Männlichkeit anzueignen gewußt hatten. Dann eben mußten sie sich im Fetisch etwas davon erträumen, wie man immer das, was man selbst nicht hat, von anderswoher ersehnt. Für diese Art menschlicher Kümmerformen, die selbst überhaupt kaum menschliches Dasein in ihre Welt brachten, muß freilich das phallische Mutterbild regelmäßig, wie es sonst nur zu Anfang der menschlichen Existenz der Fall ist, alles Fehlende, noch das ganze mannweibliche Dasein repräsentieren und ersetzen [10].

Mit dem Verwerfen der obligaten Bedeutung des Fetisch als mütterlichen Phallus büßen wir nun allerdings auch den scheinbar so plausiblen Erklärungsgrund FREUDs für das außerordentliche Überwiegen des Fetischismus bei Männern ein. Bei Frauen ist diese Perversion bekanntlich eine Rarität. Die naheliegende Überlegung, daß fetischistische Tendenzen bei Frauen deren ausgeprägteren Schamhaftigkeit wegen häufiger psychoneurotisch verdrängt werden als bei Männern, kann nicht stichhaltig sein; denn andere Perversionen, die Kleptomanie oder die Homosexualität etwa, die »moralisch«

---

[10] Vgl. z. B. SCHULTZ-HENCKE: Der gehemmte Mensch. Leipzig 1940, S. 211, und M. BOSS: Die Gestalt der Ehe. Bern 1945, S. 34.

durchaus nicht weniger anrüchtig sind als der Fetischismus, verhalten sich in ihrer Geschlechtsverteilung ganz anders. v. GEBSATTEL glaubte, einem Gedanken von E. STRAUS folgend, die mit dieser Eigentümlichkeit des Fetischismus aufgegebene Frage einfach dadurch aus der Welt schaffen zu können, daß er dem »aktiven Fremdfetischismus« des Mannes einen »passiven Autofetischismus« des Weibes gegenüberstellte, der noch viel häufiger sei als der männliche. Dabei soll »der Fetisch des Weibes sie selber« sein, und in diesem Sinne trügen ihre »Zeigelust der eigenen körperlichen Erscheinung, die modebedingte Herausarbeitung gewisser Teile des Leibes, die Künstlichkeit des Schmuckes, der Schminke, der Haartracht, alles das, was am Weibe als Idolatrie der eigenen Erscheinung auffällt«, durchaus fetischistischen Charakter. Nach allem jedoch, was wir durch das Liebeserleben des Konrad Schwing über das Wesen des Fetischismus erfuhren, könnte diese Behauptung nur zu Recht bestehen, wenn der passive Fetisch des Weibes eben gerade nicht sie selber, nicht ihr ganzer, persönlicher Leib wäre, sondern wenn ihre Zeigelust Leibesteile beträfe, die normalerweise nicht mehr zu den sogenannten erogenen Zonen gehören und nicht mehr in einem erlebnismäßigen Zusammenhang mit dem Geschlechtspol belassen wurden. Denn nur dann dürfte man von ihnen sagen, sie seien auf den aktiven Fetischismus des Mannes gemünzt und zugeschnitten. Von möglichen Ausnahmen abgesehen, erleben jedoch die Frauen ganz allgemein ihren Leib samt seinen »auffällig« hergerichteten Teilen doch deutlich genug als Reize ihrer allerpersönlichsten, konkreten leiblichen Liebeswirklichkeit, obzwar manchmal in narzißtischer, auf sich selbst bezogener, selbstverliebter Art und Weise. Sie sind deshalb auch aufs tiefste enttäuscht, wenn ein Mann sie selbst und ihre leiblich geschlechtliche Sphäre über ihren Kleidern, ihrer Schminke, ihrem Haar erotisch vergißt. Darum halten wir den Begriff des passiven weiblichen Autofetischismus in diesem allgemeinen Sinn zum mindesten für höchst irreführend.

Wir selbst fragen uns, ob diese Eigentümlichkeit des Fetischismus nicht darin gründe, daß im typisch männlichen Dasein überhaupt die Tendenzen zur Imagination eine wesentlich größere Rolle spielen als in dem der Frauen, daß der Mann mehr im Bereiche der universaleren, den einzelnen, persönlichen Gestalten übergeordneten, geistigeren oder, wenn man will, phantastischeren Zusammenhänge und Vorstellungen existiert, während das weibliche Erleben von Welt und Liebe viel mehr an das konkret Persönliche gebunden bleibt. Darum könnte es dem Mann dann immer noch möglich sein, durch eben die anonymen, vom konkreten Leib einer bestimmten Persönlichkeit abgelösten, peripheren und unpersönlichen Gestaltausschnitte eines Fetisches hindurch doch noch eine gewisse Liebesfülle zu erleben, wo bei Frauen bei gleich starker Aussperrung der Liebe aus dem leiblichen Bereich des konkreten Partners nur mehr eine Frigidität resultieren müßte. Darum pflegen die männlichen Fetischisten, wie es auch Konrad Schwing tat, ihren Liebesdienst mit kultisch-mystischen Handlungen zu vergleichen. Für eine Frau hingegen gäbe es deshalb eine solche, vom konkret Persönlichen abgelöste sinnliche Liebeskommunikation viel weniger.

Der »anthropologischen« Perversionstheorie anderseits, die, wie wir schon erwähnten, zuerst von v. GEBSATTEL gerade am Beispiel des Fetischismus entwickelt und von E. STRAUS und H. KUNZ aufgenommen und weiter ausgebaut wurde, widerspricht nun das Liebeserleben Konrad Schwings in einem anderen, noch bedeutsameren Sinne. Schon an diesem ersten konkreten Widerspruch können wir bereits genauer bestimmen, wo und wie diese Theorie irrt. Wenn nämlich die Vertreter der »anthropologischen« Perversionstheorie bisher stets behaupteten, jeder Perverse bezöge seine sexuelle Erregung zentral aus den deformierenden Momenten, aus den aggressiven Impulsen, die in den perversen Akten gegen die Liebesnorm gerichtet seien, der Fetischist also aus der fetischistischen »Teilsetzung«, der fetischistischen »Zerstückelung« und Aufsplitterung des partnerischen Liebesgan-

zen, so lehrt uns dagegen Konrad Schwing, daß die Deformation nur in der allzu großen, angstvollen Abblendung
und Verdeckung der Liebesfülle gesehen werden kann, daß
aber die sexuelle Erregung gerade *nicht* dieser Beeinträchtigung des Austragungsbereiches der Liebesbeziehung entspringt.
Ganz im Gegenteil verdankt vielmehr der sexuelle Kontakt
bei ihm seine Austragungsmöglichkeit dem Umstande, daß
diese »Deformation«, diese Angstverdeckung doch noch einige,
wenn auch nur mehr periphere Ausschnitte der konkret weiblichen Gestalt verschonte.

Was demnach die »anthropologische Perversionstheorie«
sieht und beschreibt, entspricht gerade nicht dem, was die
sexuelle Erregung der Fetischisten in Erscheinung treten läßt,
sondern lediglich der Verschlossenheit der fetischistischen Existenzen gegenüber dem Vernehmen der vollen Weiblichkeit.
Diese spezifisch fetischistische Einengung der normgemäßen
menschlichen Offenständigkeit für das Vernehmenkönnen eines
gegengeschlechtlichen Liebespartners ist indessen bloße Vorbe-
dingung dafür, daß sich die Liebesbeziehung dieser Kranken
innerhalb des leiblich-sinnlichen Bereiches, das heißt als sexuelle Verschmelzungserfahrung nicht anders als bloß noch in
Beziehung zur fetischistischen Peripherie eines weiblichen Partners auszutragen vermag.

Während nun schon R. v. KRAFFT-EBING ausdrücklich betonte, daß der Fetisch gerade »nie direkte Beziehung zum
Sexus« hätte [11], und ihm auch FREUD darin recht gab, machten v. GEBSATTEL und E. STRAUS des weiteren darauf aufmerksam, deutlich übrigens mit polemischer Spitze gegen die
psychoanalytische Betrachtungsweise, es gäbe sogar wissenschaftliche Einstellungen, die so sehr sich nur auf das isolierte
Genitale richteten, daß man auch sie als fetischistische Isolierung betrachten müsse. Gewiß kennt die Praxis diese
»Liebesformen« zur Genüge, bei der die Austragung der

---

[11] R. v. KRAFFT-EBING: Psychopathia sexualis, 15. Aufl. Stuttgart 1918, S. 167.

Liebe gerade umgekehrt in den geistigen Sphären und allen andern menschlichen Regionen gestört ist und nur durch das Medium des leiblichen Genitale hindurch im rein animalisch-triebhaften Orgasmus erlebt werden kann. Daran ist nicht zu zweifeln. Will man aber die psychoanalytische Betrachtungsweise und diese ungeistigen Liebesformen ebenfalls als Fetischismus bezeichnen, als »Genitalfetischismus«, wie v. GEB-SATTEL sagt, so muß man sie schon dem üblichen genito-fugalen Fetischismus als genito-petalen gegenüberstellen. Im Grunde liegen jedoch beiden Erscheinungen, dem sogenannten Genitalfetischismus und dem Fetischismus im üblichen Sinne, so verschiedenartige Verfassungen zugrunde und derart unterschiedlich gelagerte Schranken, daß eine solche Parallelschaltung zu einer verwirrenden Überdehnung des Krankheitsbegriffes führen muß.

B. EIN KOPROPHILER

Deutliche und klassisch fetischistische Züge weisen dagegen ihrer Wesensstruktur nach die Koprophilie und die ihr verwandten Perversionen auf, welche in den wissenschaftlichen Darstellungen gemeinhin, aber zu Unrecht, für sich abgetan werden. Richtig ist lediglich, daß bei der Koprophilie die Angst- und Ekelschranken der Liebe den Weg in ganz anderer Richtung versperren. Sie lassen nämlich vom gesamten Bereich der menschlichen Existenz nicht mehr gleichsam nur die »obersten« Peripherien, die Phantasiewelt, sondern ausschließlich den »untersten« Ausschnitt, die unterleiblichste, wenn man so sagen darf, die örtlich-anatomisch untergeschlechtliche wie zeitlich, entfaltungsmäßig unter- und vorgeschlechtliche, »prägenitale« (FREUD) Sphäre als sinnlich-erotischen Austragungsbereich der Liebe offen. Gerade darum eignet sie sich aber zur Illustration der eminenten Spannweite des Fetischismus, weshalb wir nun dem »ätherischen« Fetischisten Konrad Schwing mit seinen vornehmen Fellhandschuhen noch den koprophilen Rico Daterra gegenüberstellen wollen.

Die Eltern Ricos waren ein seinerzeit weitherum bekanntes und gesellschaftlich beliebtes Diplomaten-Ehepaar gewesen. Er, der einzige Sohn jedoch, bekam den Vater überhaupt nie zu Gesicht, und die Mutter überließ seine Pflege und Erziehung fast ganz den Angestellten. Da ihm zudem verboten war, mit anderen Kindern spielen zu gehen, suchte und fand er Trost und Entschädigung für die eisige Atmosphäre seines Elternhauses bei den Tieren im Stall des Pächters. Wenn immer er konnte, entwischte er seinen Gouvernanten dorthin und hielt dann jeweilen stundenlange Zwiesprache mit den Kühen und Schweinen. Diese Gewohnheit trug ihm den bissigsten Spott seiner adeligen Umgebung ein, da er stets nach Mist roch. Vom Umgang mit diesen Menschen zog er sich deshalb immer mehr zurück und galt allgemein als sonderlingshafter Knabe. Mit elf Jahren verspürte er seine erste sexuelle Erregung beim Zärtlichkeitsaustausch mit seinen Tieren. Als er älter wurde und ihm der Schulunterricht kaum mehr Zeit ließ zu Stallbesuchen, erregte ihn schon von weitem der Stallgeruch. Um diese Zeit, mit 14, 15 Jahren, begann er heftiger als je zuvor zu onanieren und mußte sich dabei immer defäzierende Kühe vorstellen. Diese Onaniephantasien verließen ihn erst, als er mit 21 Jahren ein Dienstmädchen seiner Eltern verführt hatte. Zunächst allerdings erwies er sich diesem gegenüber als völlig impotent, bis es ihm den Coitus per anum erlaubte. Sobald er dabei im Rektum der Frau ein Scybalum fühlte — es mußte aber immer ein gut geformtes Scybalum sein, sagte er, nicht nur dünner Kotbrei, den man gar nicht recht merke — war für ihn der »Kontakt geschlossen«, und die geschlechtliche Erregung stieg aufs höchste. Für die Gewährung seiner koprophilen Taktik habe er diese Frau »direkt lieb« gewonnen, so wenig sie ihm bei ihrer Primitivität menschlich bedeuten konnte.

Die koprophile Liebesbedingung hielt sich bei Rico Daterra unverändert durch, auch als er mit 36 Jahren eine Frau aus sehr gutem Hause heiratete. Er war inzwischen naturwissenschaftlicher Privatgelehrter geworden, der mit großem Eifer, aber ohne sonderliche Erfolge über die Schädlingsbekämpfung in der Landwirtschaft nachgrübelte. Als Mensch verknöcherte er bei dieser Arbeit zusehends. Er führte ein höchst eintöniges, farbloses, steriles Leben, verschanzte sich als richtiger Bücherwurm in seiner Stube, die vor Unordnung und Schmutz starrte, oder er grub draußen, in der Einsamkeit irgendeines entlegenen Ackers nach seinen Käfern und Würmern. In seinem kleinen Städtchen galt er durchwegs als wunderlicher Kauz. Auch war er als Geizhals verschrien. Nur an seinem eigenen Essen sparte er nicht. Bei allen seinen schriftlichen Arbeiten aß er so viel wie nur möglich in sich hinein, weil er den unwiderstehlichen Drang hatte, immer gleich wieder etwas in sich hineinzustopfen, wenn er wissenschaftliche Geistesprodukte von sich gab. Bald war er von so rundlicher Gestalt geworden, daß er nur noch watscheln konnte und sich dadurch von der Schuljugend seines Ortes den Spottnamen »Maulwurf« einheimste. Er war auch lichtscheu wie ein Maulwurf geworden. Vor jedem Umgang mit fremden Menschen graute es ihm, und war er schon einmal zu gesellschaftlichem Verkehr gezwungen, benahm er sich dumm-täppisch und zeigte ein widerliches, untertänig-kriecherisches Gehabe. Warum die kluge und gebildete Frau diesen Sonderling zum Manne nahm, blieb — zumal er zum vornherein festgelegt hatte, daß er niemals Kinder haben wolle — für alle ein Rätsel. Diese Frau liebte ihn aber tatsächlich so sehr, daß sie sich auch seine alte koprophile Perversion gefallen ließ. Mit den Jahren freilich stellte sich bei ihr eine schwere Mastdarmentzündung mit großen Anus-Rhagaden ein. Die Affektion wurde so schmerzhaft, daß sie den Ehepartnern die Ausübung der Perversion gänzlich verunmöglichte. Ohne die koprophile Taktik jedoch war der Mann impotent. Der erzwungene Verzicht auf seine sexuelle Befriedigung vergrämte ihn derart, daß er zunehmend unverträglicher wurde, anfing, mehr und mehr an seiner Frau herumzunörgeln, sie zu tyrannisieren und ihr das Haus zur Hölle zu machen. Sie empfand es daher als große Erleichterung, daß ihr Mann häufiger auf Reisen ging, vor allem, weil er von seinen Ausflügen jedesmal etwas liebenswürdiger nach Hause zurückkehrte. Als er ihr aber gestand, daß er dabei Ortschaften aufsuche, in denen man ihn möglichst nicht kenne, um dort in öffentlichen Aborten der Bahnhöfe nach Kotspuren zu suchen, wenn möglich Kotreste sorgfältig zu verpacken und mit sich zu tragen, weil er dadurch zu seiner sexuell-orgastischen Entspannung komme, da fürchtete sie die Entdeckung und kam mit der Frage, ob sie dem Mann trotz all ihrer Schmerzen nicht doch lieber die koprophile Praxis wieder erlauben solle, unseren Rat einholen.

Bei der Prüfung der ganzen ehelichen Situation zeigte sich der Ehemann jeder eingreifenderen Behandlung abgeneigt. Er meinte, er sei mit seinem Schicksal vollständig zufrieden, wenn man ihm nur den Mastdarm seiner Frau wieder heile und ihm damit seine sexuelle Befriedigung von neuem ermögliche. Wahrscheinlich tat der Mann gut daran, sich nicht auf einen Analyseversuch einzulassen. Denn er machte einen so deutlich schizoid-»analerotischen« Eindruck, daß es sich bei ihm wohl entweder um eine genuin-konstitutionell verkümmerte oder um eine durch einen frühen schizophrenen Prozeß reduzierte Existenz handelte, der doch nicht mehr zu reicheren Seinsmöglichkeiten hätte verholfen werden können. Im Verlaufe langer und zahlreicher Gespräche gelang es uns immerhin, wenn auch äußerst mühsam, einige recht aufschlußreiche Gegebenheiten seiner koprophil-perversen Liebeswirklichkeit in Erfahrung zu bringen. Der Mann berichtete z. B.: »Wenn ich in den Mastdarm meiner Frau eindringe, immer tiefer, und dann ganz drinnen auf einen Kotballen stoße, dann wird mir, als käme ich in den wirklichen Mittelpunkt von ihr, dort, wo es so heiß ist, daß man schmilzt. Man würde auch im Mittelpunkt der Erde schmelzen . . .« »Aber auch schon ein Scybalum allein, von mir selbst oder von irgend jemand anderem, etwa in den öffentlichen Toiletten, kann mich stark sinnlich erregen.« An einem anderen Tag äußerte er: »Der ganze übrige Körper einer Frau, vom Hinterteil abgesehen, ist für mich wie von Stoff, leblos wie von einer Statue, Haut und Geschlechtsteile sagen mir nicht viel. Das alles ist schon viel zu fertig, zu geformt, erledigt, starr. Das Leben beginnt erst drinnen, viel tiefer unter der Haut, im Darm innen; dort wo Stuhl ist, da zündet es. Kot ist nicht tot. Er ist der Anfang von allem. Er ist warm und da ist noch alles draus zu machen, da läßt sich noch alles draus formen. Was ist der ganze Mensch schließlich anderes als ein aus Dreck gekneteter Erdenwurm.« Nach langem Zögern faßte er sein Leben einmal präzis zusammen: »Ich bin eigentlich nur im Mastdarm und dann noch bei meinen Würmern im Acker zu Hause. Daher kommt es, daß ich erst dann, wenn ich mit meinem Glied ein Scybalum berühre, richtig spüre, jetzt hat mich etwas im Innersten berührt. Das berauscht mich dann so, daß ich ganz glücklich bin und Zeit und alles vergesse; immer so verharren möchte. Wenn dann aber der Orgasmus vorbei ist, schäme ich mich und denke, du bist doch ein Schwein. Aber jeder muß schließlich nach seiner Façon selig werden.«

Im Verlaufe unserer Beobachtung produzierte Rico Daterra einen Traum, wie man sich kaum einen aufschlußreicheren denken könnte. Er träumte: »Ich bin noch ein kleiner Junge und steige an einem sonnigen, warmen Frühlingstag eine steile Bergwiese hinauf. ›Aufgepaßt‹, denke ich, ›da kann man abrutschen‹. Die Wiese ist aber voll der schönsten Alpenblumen. ›Da bringst du einen Strauß der Mutter heim‹, denke ich mir; fange an zu pflücken, immer sorgloser. Da plötzlich rutsche ich doch aus, sause den Steilhang hinunter und lande mit lautem Aufklatschen in einem riesigen dunklen Dreckloch. Jetzt bin ich ein wurmartiges Tier, fange an, mich immer schneller um meine eigene Achse zu drehen, und bohre mich so tiefer und tiefer in die Erde hinein. Schon wird mir vor lauter Drehen ganz schwindlig. Da öffnet sich plötzlich die Erde, und ich bin in einem großen Prunk-saal, der strotzt vor Gold. Hinten im Saal sehe ich, wie eine schöne Frau einen armen Mann umarmt und küßt. Dann bin ich mit einer Pollution erwacht.«

Kaum könnte jemand eindrücklicher und plastischer als dieser Traum schildern, wie der »Aufstieg«, die Reifung die-ser Existenz zu menschlicher Bewußtseinshelle (sonniger Früh-lingstag) und liebeserfüllter Existenz (viele Blumen, Geschenk für die Mutter) schon in früher Jugend jäh abgebrochen wor-den sein muß und wie dann dieser Mensch in die »Tiefe« eines nur noch dreckigen, wurmhaften Verhaltens abstürzte. Doch auch noch als Wurmexistenz hatte er durch Erde und Dreck hindurch einen gewissen Zugang zur reichen Fülle der Liebe (goldener Prunksaal mit schöner Frau, die einen ar-men Mann umarmt und küßt, Pollution). Damit erweist die Liebe gerade bei ihm, dem Koprophilen, ihre gewaltige schöpferische Kraft der Imagination. Denn hier vermag sie selbst das Irdischste und Niedrigste auf Festlichkeit und Se-ligkeit hin transparent zu machen. So war es seinem Traum-Dasein beschieden. Dank seiner koprophilen Perversion wußte er sich aber auch in seiner wachen Existenz einen ganz be-trächtlichen Abglanz solcher Liebeserfahrung auf ganz ähn-liche Weise zugänglich zu machen. Weil dem so war, be-deutet ihm diese seine wurmhafte Existenzweise nicht wie die liebesleere »Sumpf-«, »Schmutz-« und »Lochwelt« für die Zwangskranken v. GEBSATTELS [12] oder für L. BINSWANGERS »Fall Ellen West« [13] höchste Bedrohung des Daseins, muß er sich keineswegs wie diese Kranken gegen die Auflösung des Menschseins mit äußerster Kraft wehren, sondern fühlt sich wohl in ihr. Ja, für ihn ist der Kot keineswegs tot. Ganz im Gegenteil, er ist ihm allein zukunftsträchtig, einzig aus ihm kann noch alles werden; denn er ist ihm lebendigste

---

[12] E. V. v. GEBSATTEL: Die Welt der Zwangskranken, Monats-schr. f. Psychiatrie, Bd. 99 (1938).
[13] L. BINSWANGER: Der Fall Ellen West, Schweiz. Arch. f. Neur. u. Psychiatrie, Bd. 53, 54 und 55 (1945).

Materie, der Anfang von allem. Die ganze übrige Welt, der weibliche Leib inbegriffen, erschien ihm viel zu statuenhaft, viel zu fertig, zu ausgeformt zu sein.

Am Beispiel dieses Koprophilen kommt auch mit besonderer Einprägsamkeit der entscheidende Irrtum der sogenannten »anthropologischen Perversionstheorie« zum Vorschein; würde diese doch — wie wir sahen — zweifellos bei jeder Koprophilie das Werte destruierende Angehen eines solchen Kranken gegen das Gesetz des Ekels zur Quelle der sexuellen Erregung stempeln wollen. Davon kann indessen bei unserem Rico Daterra schon deshalb nicht die Rede sein, weil derartige Ekelschranken gegenüber dem Kot überhaupt und zum vornherein bei ihm gar nie bestanden haben; er daher auch gar nicht gegen sie angehen konnte. Darum erweist sich die »anthropologische Perversionstheorie« gerade diesem Kranken gegenüber als eine rein gedankliche Super-Konstruktion von außen her, die dem Kranken aus der ihm selbst ganz fremden »Werte-Welt« der anthropologischen Untersucher her zugeschrieben wird.

Außerdem läßt uns unser Koprophiler mit nicht zu überbietender Deutlichkeit sehen, wie einseitig die Bedeutungsbestimmungen des Kotes von den Vertretern der »anthropologischen Perversionstheorie« vorgenommen werden. So hörten wir doch von E. STRAUS, der Koprophile genieße in der Kotberührung den Kontakt mit dem Schändlichen, dem Besudelten, dem Verwesenden, dem Ausgestoßenen, Ekelhaften, Zerstörerischen. Die »Anthropologen« vergessen dabei völlig den dem Kot ebenfalls zukommenden, ganz gegensätzlichen Bedeutungsgehalt des Irdisch-Düngerhaften, Kraftgebenden. Dies waren aber gerade jene Verweisungszusammenhänge, die sich unserem Koprophilen allein vom Kot her zusprachen. Wie hätte er ihn sonst als das allein Zukunftsträchtige, als den Anfang von allem, aus dem noch alles werden könne, als die lebendigste Materie bezeichnen können?

Im Gegensatz zum Fetischisten Konrad Schwing haben nun, wenn wir die ganzen perversen Beziehungsmöglichkeiten unseres Koprophilen Rico Daterra zusammenfassen wollen, die Schranken seines nur noch »wurmhaften« Sich-Verhaltenkönnens das Erscheinenlassen auch von bloß noch vergegenwärtigten Liebespartnerinnen innerhalb seiner ätherischen Phantasiewelt verunmöglicht. Dieselben Schranken verschlossen ihm den erotischen Zugang zur weiblichen Leiblichkeit bis auf den einen Leibbezirk des Mastdarmes und des Kotes. Nur diese Leibregionen waren für ihn noch offen geblieben als die Eintrittspforten zum »zeitvergessenen Glück« und zu einem »Zuhause« des liebenden Miteinanderseins.

C. EINE KLEPTOMANIN

Gewisse Anklänge an den Fetischismus zeigt schließlich auch noch manche Form der sogenannten Kleptomanie; wird doch auch hier durch die Schranken eines auf Angst und Ekel verstimmten Existieren-Müssens der Austragungsbereich der Liebe auf bestimmte, von der leiblich-genitalen Sphäre aus gesehen, sehr periphere Bezirke des menschlichen Daseins eingeengt. Viele Kleptomanen lassen daher ihren gestohlenen »Liebespartnern« noch lange nach dem Diebstahl einen sehr zärtlichen, typisch fetischistischen Kult angedeihen. Darüber hinaus haftet der Kleptomanie noch ein zweites, ganz anderes Perversionsmerkmal an, das ihr und allen weiteren, von uns eingehender untersuchten Perversionsarten in wachsendem Maße das Gepräge geben wird, und zwar zunehmend in der Reihenfolge unserer Anordnung.

Über das kleptomane Liebeserleben soll uns Erika Peßner orientieren. Sie verlebte eine trostlose Jugend. Der Vater war ein Trunkenbold, der die Familie schon vor der Geburt der Patientin auf das tiefste soziale Niveau heruntergewirtschaftet hatte. Die Mutter versuchte nach dem ökonomischen Zusammenbruch als Pensionswirtin die notwendigen Mittel für die vierköpfige Familie zusammenzubringen. Ihre Pension, im berüchtigtsten Stadtviertel gelegen, artete aber bald in eine Art Bordell aus. Zu den frühesten Erinnerungen der Patientin gehören denn auch üble Alkoholexzesse und sexuelle Orgien der Pensionskunden und -kundinnen. Schon mit sieben Jahren wurde sie zu Trinkgelagen dieser Leute zugelassen und hatte Nacht für Nacht bis ein oder zwei Uhr früh die Gäste mit ihren drolligen Späßen zu unterhalten. Erst als sie 9 Jahre alt war, schritt die Vormundschaftsbehörde ein und brachte sie in eine Klosterschule. Auf diesen radikalen Milieuwechsel, durch den plötzlich die eben noch hochgeschätzte Sinnlichkeit und hemmungslose Triebhaftigkeit zum allerärgsten Teufelswerk gestempelt wurde, reagierte Erika Peßner zunächst mit schweren Tobsuchtsanfällen. Lediglich der unendlichen Geduld der Klosterfrauen war es zu verdanken, daß das kleine Triebwesen nach zweijähriger Erziehung gesellschaftsfähig geworden war, ja, sich bald durch einen besonderen Eifer in allen religiösen Verrichtungen auszeichnete. Mit etwas über 11 Jahren nahm ein inzwischen reich gewordener Onkel Erika Peßner in seine Familie auf. Bei dem neureichen Onkel wurde die gesellschaftliche Etikette sehr überbetont, und auch Erika Peßner hatte sich ihr zu fügen. Aus Angst, die Triebhaftigkeit ihrer Eltern könnte doch noch eines Tages bei ihr durchbrechen und zu einem Skandal führen, wurde sie während ihrer Backfischjahre von jeder männlichen Gesellschaft möglichst ferngehalten und mit 19 Jahren rasch an einen wesentlich älteren Mann, einen hohen Beamten, verheiratet. Rechnet man die sexuellen Spielereien, die seinerzeit die Mieter ihrer Mutter mit ihr als Kind getrieben hatten, ab, so war der Geschlechtsverkehr mit dem Ehemann ihr erstes sexuelles Erlebnis. Sie erwies sich dabei jedoch als völlig frigid, empfand das sinnliche Gehabe ihres Mannes als ausgesprochen widerwärtig, obschon sie ihn gefühlsmäßig liebte und bewunderte. Kaum war ein halbes Jahr ihrer Ehe vergangen, wurde sie eines Tages ganz unvermittelt von einem unerklärlichen Bedürfnis gepackt, aus dem Schreibtisch ihres Mannes etwas Geld zu stehlen. Die Kranke wunderte sich selbst über den Unsinn dieses unwiderstehlichen Dranges. Es war rational auch wirklich in keiner Weise zu verstehen, da sie sich bei den guten finanziellen Verhältnissen ihres Gatten in bezug auf Geld nie etwas versagen mußte. Einerseits bäumte sich ihre ganze Wohlanständigkeit gegen die Versuchung auf und bombardierte sie mit Gewissensbissen. Anderseits ließ ihr jedoch das Bedürfnis, zu stehlen, keine Ruhe, bohrte so lange an ihrem moralischen Widerstand herum, bis er schließlich in sich zusammenbröckelte, sie ihres Mannes Schreibtisch öffnete und ein Fünf-Schilling-Stück stahl. »Unbeschreiblich«, sagte sie, »war das Gefühl der Erregung«, als die Angst und Qual der Gewissensbisse einmal überrumpelt waren und das Geld offen und zum Greifen nahe vor ihr in der Schublade lag. Schauer über Schauer eines prickelnden, kitzelnden Gefühles hätten ihren ganzen Körper überrieselt und haben sich in ihrem Unterleib zum intensivsten Lustgefühl verdichtet, wie sie es noch nie zuvor in ihrem Leben kennengelernt hatte. Vor ihren Augen hätten die Silberstücke wie lauter Gold geschimmert, und alles darum herum hätte so leuchtend rot und golden gestrahlt, daß ihr ganz schwindlig wurde und sie beinahe zu Fall gekommen wäre. Auch die physischen Begleiterscheinungen an den Genitalien ließen keinen Zweifel daran, daß es sich bei diesem Ereignis um einen starken sexuellen Orgasmus gehandelt hatte. Bald nach diesem »Wunder«, diesem »Rausch«, wie die Patientin ihre Ekstase bezeichnete, überfiel sie jedoch ein elender moralischer Katzenjammer. Sie machte sich die schwersten Vorwürfe, nahm sich vor, ihrem Ehemanne ein volles Geständnis abzulegen. Als er nach Hause kam, ließ sie es aber doch bleiben; und zwei Monate später bestahl sie mit der nämlichen »unbeschreiblich schönen« Lusterfahrung ihr eigenes Dienstmädchen. Noch erregender wurde ihr Stehlen, als sie die Technik entwickelte, jeweilen am Schluß gesellschaftlicher Einladungen rasch in die Küche zu schleichen und die dort von den Gästen für die Dienstmädchen hingelegten Geldstücke zu rauben. Je größer die Lust dabei war, um so schwerer der folgende Katzenjammer, sobald der rauschartige

Orgasmus verflogen war. Jedesmal versprach sie sich hoch und heilig, von jetzt an »brav und korrekt« zu bleiben. Jedesmal aber kam schon während des Festessens eine zunehmende sinnliche Erregung über sie, die den Gedanken ans Stehlen immer weiter in den Vordergrund schob. Wenn dann das Essen dem Ende zuging, hatten die unermüdlichen Vorstöße des Stehlbedürfnisses die Angst vor der Entdeckung und den Halt ihrer gesellschaftlichen Korrektheit regelmäßig bereits so durchlöchert, daß sie innerlich vor Erregung zitterte und vibrierte, schon sämtliche Gegenstände um sie herum in allen Farben schillerten und ein »magischer Zauber« von der Küche ausging, wohin nun bald die Gäste ihre Trinkgelder tragen würden. Unmittelbar vor dem Einbruch in die Küche wurde allerdings meistens die Angst vor der Entdeckung noch einmal so groß, daß es ihr die Kehle zuschnürte und ihr »die Sinnlichkeit ganz in die Eingeweide hineinpreßte«. Regelmäßig durchbrach aber ihre Lust diese letzte »Hemmung« doch, und je größer das Würgen im Halse und der Druck im Leibe war, um so lustvoller erlebte sie den Druchbruch des Stehlens. Immer, wenn sie dann unbemerkt an die Geldstücke herangekommen war, verlor sie vor sexueller Erregung fast die Besinnung, und wenn in diesem Augenblick jemand sie einmal überrascht hätte, wäre sie allen Anschuldigungen völlig wehrlos gegenübergestanden. Es wurde ihr bei diesem Akt sehr schwindlig, ihr ganzer Leib schauderte, und alles um sie herum sah sie rot in Gold. Dann preßte sie die Geldstücke fest an sich, bohrte ihnen dabei, wie sie sich wörtlich ausdrückte, geradezu ihre Nägel ins Fleisch. Nach wenigen Sekunden jedoch war »das Wunder« vorbei. Dann hatte sie sich wieder in der Hand, und mit katzenartiger Geschicklichkeit schlich sie sich weg. Entdeckt wurde sie kein einziges Mal.

Als Fetischismus zeichnet sich also die Kleptomanie Erika Peßners im Vergleich zu den Perversionsformen des Konrad Schwing und des Rico Daterra lediglich dadurch aus, daß sich bei ihr die fetischistische Verdeckung der normgemäßen

Liebesmöglichkeiten eines Menschen noch weiter ausgedehnt hatten. Erika Peßner konnte sich nicht einmal mehr in eine liebende Beziehung zu der dem Körper eines gegengeschlechtlichen Mitmenschen unmittelbar anliegenden, seine Leibesgestalt immerhin noch einigermaßen nachformenden Kleiderhülle und zu dem noch sehr leibnahen und leibwarmen Kot einlassen. Einzig das Geld, diese leibferne anonyme »tote« Materie eines Mitmenschen vermochte sie noch in sexuell-sinnlich erregender Weise anzuziehen. Die Liebeserlebnisse der beiden anderen Fetischisten hatten immerhin wenigstens zeitweise noch einen Abglanz auch eines geistig persönlichen Einigungs-»Glückes« mit einbeschlossen. Die Liebeserfahrungen unserer Kleptomanin dagegen hatten sich nur noch auf ein völlig lebloses, partnerfernes Ding reduziert.

Doch diese graduellen Unterschiede allein würden die Erwähnung dieses weiteren Falles nicht rechtfertigen, wenn hier nicht noch ein ganz neues Merkmal hinzukäme und das Bild beherrschte. Der Fetisch der Erika Peßner nämlich wird noch einmal durch eine zweite Schranke zugedeckt, durch seinen betonten Charakter als Fremdeigentum. Damit ist zusätzlich die Schranke des Stehlverbotes dazwischengeschoben, die bereits den unmittelbaren physischen Kontakt mit dem Fetisch verhindern will. Darum kann sich Erika Peßner nicht wie die gewöhnlichen Fetischisten mit der übermäßigen Verdeckung der Austragungsbereiche der Liebe relativ zufrieden geben und sich mit den noch offengebliebenen Bezirken begnügen. Vielmehr entdecken wir hier erstmals einen gewaltsamen »perversen« Durchbruchsversuch der Liebe durch die widerständige Verdeckung, hier im besonderen durch die jede Liebeseinigung verunmöglichende, äußerste Distanz haltende Schranke des Fremdeigentum-Charakters des Geld-Fetisches hindurch.

Überaus eindrücklich und plastisch schilderte Erika Peßner selbst, wie ihr Drang diese sozialen Mauern der Eigentumsabgrenzung, die gesellschaftliche Schranke der mitmenschlichen Korrektheit in der Gestalt eines unermüdlichen Stehlbedürfnisses anbohrte und zerbröckelte, sich mühsam genug durch die würgende Enge der Entdeckungsangst quälte, bis er dann schließlich doch und nur um so siegreicher und strahlender alle alltägliche Abgrenzung und »Hemmung« sprengte und sich, wenn auch nur in der rot-goldenen Weite und lustvollen Seligkeit des Wunders eines intensiven, leiblich-triebhaften orgastischen Erlebnisses Einlaß ins »Da«, in die Weltoffenheit dieser Individualität erzwang. Daß es gerade bei diesem Menschen zu einer kleptomanen Perversion kommen konnte, deren Besonderheit in einem Durchbruch der sozialen Eigentumsgrenzen und gesellschaftlichen Korrektheitsschranken liegt, ist lebensgeschichtlich leicht zu verstehen. Denn es waren doch gerade diese um- und mitweltlichen Schranken gegenüber der leiblich-triebhaften Austragungsform der weitenden und erfüllenden Liebe, die ihr nach ungewöhnlicher Verwöhnung so spät und dann derart abrupt und gewaltsam aufgeprägt wurden, daß sie zu einem besonders liebesfeindlichen, unorganischen, verkünstelten Persönlichkeitspanzer werden mußten.

Darin übrigens, daß vor allem das leiblich-sinnliche Liebeserleben nicht nur dem Einzelfall Erika Peßner, sondern ihrem ganzen Geschlecht allgemein durch sehr viel strengere und engere Schranken sozialer Moral und gesellschaftlicher Verbote vorenthalten wird als dem Mann, liegt unseres Erachtens auch ein wichtiger Grund für die den Fetischismusformen im engeren Sinne so entgegengesetzte Eigenart der Kleptomanie. Unvergleichlich viel öfter nämlich bei Frauen als bei Männern ist die sinnlich-sexuelle Liebesmöglichkeit gezwungen, gerade in kleptomaner Art durch psychoneurotische Verdeckung durchzubrechen. Gegenüber diesem Durchbruchsakt des Stehlens tritt ja denn auch in der Kleptomanie der Fetischcharakter, der spezifische, fetischistische Eigenwert des »Liebesobjektes" entschieden in den Hintergrund. Im konkreten Stehlakt raubt sich dann die kleptomane Diebin das, was ihr eine ihr aufgezwungene Moral nicht frei zugestand und sie nicht frei empfangen ließ. Weil das Streben nach

Aufnehmen- und Empfangendürfen im Wesen der weiblichen Liebe überhaupt viel betonter ist als in der des Mannes, will es sich die Frau auch häufiger kleptomanisch erzwingen als der Mann, wenn ihr die ihr aufoktroyierte Pseudomoral das normal-sexuelle Empfangendürfen versagt.

Wie dem auch sei, jedenfalls läßt der Fetischismus in seiner vollen Liebeswirklichkeit, wie wir ihn bei Konrad Schwing und Rico Daterra kennengelernt hatten, alles vermissen, was die alle Dinge bloß von außen her betrachtende »anthropologische Theorie« von der aggressiven Zerstückelung und Deformation als dem zentralen Lebensnerv der pervers-sexuellen Erregung auch nur im geringsten zu stützen vermöchte. Umso eher, so sollte man meinen, dürfte man von dem gewaltsamen Akt des kleptomanen Stehlens einige Hilfe für diese »anthropologische« These erwarten. Allein auch dieser offenkundig destruierende Akt erweist sich, läßt man nur das Dasein dieser Kleptomanin sich so aussprechen, wie es sich selbst erfährt, keineswegs als die zentrale Erregungsquelle der Sexualität. Vielmehr entpuppt sich dann das gewaltsame Durchbrechen der sozialen Eigentumsgrenzen und der Verbote gesellschaftlicher Korrektheit nur als die vorbereitende Praktik zur Beseitigung trennender Schranken. Denn im Lichte der defizienten Weltoffenheit einer Kleptomanin sind *diese* so besonders starr und widerständig, daß der Geist der Liebe sie nicht einfach zu überschwingen vermag, sondern zu ihrer Überwindung sich destruktiver Mittel bedienen muß. Nur so kann sich hier die Liebe den Zugang zur sexuell-erotischen Einungserfahrung frei schaffen. Die zentrale sexuelle Erregung aber entspringt nicht der Destruktion irgendwelcher Wertgrenzen oder Moralschranken an und für sich, sondern entspricht wie überall dem dank des Schrankendurchbruches ermöglichten leiblichen Austrag einer Liebesbeziehung. Darum kulminiert die sexuelle Erregung Erika Peßners in dem Moment, in dem sie die Geldstücke wirklich zu fassen bekommt, sie ihr gehören, so daß sie sie »an sich pressen« und ihnen in wilder Liebeslust »ihre

Nägel ins Fleisch« schlagen kann. Deutlich genug schimmert durch diese ihre Worte die volle Liebespartnerbedeutung der Geldstücke noch hindurch, und lediglich dem verengten Blick des objektiv-isolierenden Betrachters wollen sie nicht anders denn als tote Sachlichkeiten erscheinen.

Nicht minder enttäuscht die Kleptomanie auch die gerade bei ihr scheinbar so besonders berechtigte Hoffnung auf Bestätigung des weiteren Postulates der bisherigen »anthropologischen« Untersuchungen. Diese nämlich behaupten, den Perversionen eigne immer und wesensmäßig ein Zwangsmoment[14]. Gewiß gibt es auch ein Stehlen als ausgesprochene neurotische Zwangshandlung, bei dem die Diebinnen keinerlei sexuelle Befriedigung oder auch nur Reizung mehr empfinden. Das mag für die gerichtlich-psychiatrische Beurteilung der Zurechnungsfähigkeit eines konkreten Falles von jedweder Bedeutung sein. In unserem Zusammenhang jedoch fällt nur ins Gewicht, daß man diese Diebinnen überhaupt nicht mehr zu den Perversen rechnen darf, sondern sie eindeutig zu den Zwangsneurosen zählen muß. Von diesen Zwangsdiebinnen gibt es nun aber, wie bereits O. FENICHEL[15] überzeugend aufzeigte, alle Übergänge bis zu Diebinnen, deren Stehlen gar nicht mehr den klaren Definitionen BINDERS über das Zwangsphänomen[16] entspricht. Diese empfinden dann ihre Diebereien keinesfalls die ganze Handlung hindurch als isolierten psychischen Fremdkörper, auch nicht als objektiv völlig zwecklos und unsinnig, sondern geraten bei ihrem Stehlen in eine sehr erwünschte sexuelle Erregung. So erwies sich auch Erika Peßners Stehlen als kleptoman pervers, weil es für sie viel zu schön war, um von ihr nach relativ kurzem moralischem Widerstand noch als ein von ihrer Persönlichkeit losgelöster fremder Akt erlebt zu werden. Ferner wurde das

---

[14] Vgl. z. B. H. KUNZ, a. a. O., S. 13 und 54.
[15] O. FENICHEL: Perversionen, Psychosen, Charakterstörungen, S. 56.
[16] H. BINDER: Zwang und Kriminalität, Schweiz. Arch. f. Neur. u. Psychiatrie, Bd. 54, 55 (1945), S. 6 ff. u. 74.

Diebesgut von ihr zwar nicht eigentlich des objektiven Geldwertes wegen gestohlen, fand aber nachträglich doch regelmäßig zweckhafte Verwendung im Ankauf von besonders schöner Wäsche oder besonders schmackhaften Süßigkeiten. Deswegen aber die Stehlakte Erika Peßners mit ihren ungemein ausgeprägten erotischen Ekstasen nicht als kleptoman und pervers gelten lassen zu wollen, erschiene uns völlig ungerechtfertigt. Es läßt sich daher geradezu behaupten: je zwangsfreier ein kleptomanes Stehlen auftritt, um so einwandfreier ist es sexuell pervers. Wo immer also ein Zwangsmoment bei einer Kleptomanie oder irgendeiner andern Perversion vorliegt, kann es nicht wesensmäßig der Perversion als solcher zugehören, sondern muß als ein bei Perversionen durchaus fakultatives Phänomen sui generis angesprochen werden. Wenn trotzdem faktisch relativ vielen perversen Symptomen ein gewisser Zwang eignet, so hat das seine Ursache in dem ganz allgemeinen, außerperversionellen Tatbestand, daß jedem neurotischen Zwang jene besondere Verfassung zugrunde liegt, die durch ein im Verhältnis zur betreffenden Persönlichkeitsartung »überspannte«, gewissensmäßige, »pseudomoralische« Nicht-wahr-haben-Wollen von dranghaften Beziehungen charakterisiert ist. Gerade perverse Neigungen erscheinen nun der durchschnittlichen Moral als besonders menschenunwürdig und werden daher von ihr leicht in die selbstferne Gestalt einer Zwangshandlung gepreßt.

Ganz anderer Natur wieder als unsere Einwände gegenüber der »anthropologischen« Deutung der Perversionen ist die Kritik an der psychoanalytischen Erklärung, zu der uns das Erlebnis Erika Peßners Anlaß gibt.

Die psychoanalytische Theorie hat dem kleptomanen »Triebobjekt« noch früher und betonter als den Fetischen im üblichen Sinne die sogenannte symbolische Bedeutung eines Phallus unterlegt[17]. Was wir aber von der Phallusbedeutung der

---

[17] M. CHADWICK: A Case of Kleptomania in a Girl of Ten Years, Int. Journ. of Psychoanalysis, Bd. 6 (1925); A. TAMM: Drei Fälle von Stehlen bei Kindern, Zschr. f. psychoanalytische

Fetische überhaupt sagten, gilt in gleicher Weise für das »Objekt« der Kleptomanen. Auch hier müssen wir in der Deutung als »Phallus« eine unzulässige konkretistische Einengung des wirklichen Liebeserlebnisses sehen. Obzwar die psycho-analytische Theorie im Verlauf der Zeit diese Interpretation erweiterte und hinter dem mütterlichen Phallus noch Kot, Kind und mütterlichen Leib überhaupt entdeckte, so entspricht selbst diese Vielzahl von Deutungen nicht der ganzen kleptomanen Liebeswirklichkeit. Denn auch die kleptoman-perverse Ekstase ist immer noch Erfahrung aus dem Reiche der alle Sonderung überwindenden Liebe, wenn auch nur eines kümmerlichen Abglanzes der Fülle einer vollen Liebeseinheit zweier Existenzen. Das perverse Ereignis unserer Kleptomanin erwies sich z. B. sehr eindeutig als der durch die perverse Existenzverdeckung eben noch durchgelassene Rest einer großen Liebe zu einem Onkel, der bei den nächtlichen Gelagen ihrer frühen Kindheit eine verführerische Rolle gespielt hatte. In ihrem Traumverhalten nämlich, das wesentlich weniger verdeckt war als ihre wache Existenz, erlebte sie nie kleptomane Szenen, wohl jedoch pflegte sie sehr häufig zu träumen, ihr Onkel beschenke sie reich mit Goldstücken und mit goldenen Gewändern. Manchmal riß sie auch im Traum dieses Gold leidenschaftlich erregt an sich, immer aber war sie dabei glücklich, weil es Geschenke des geliebten Onkels waren, und immer kam es denn auch in den Träumen zu einem voll ausgekosteten Liebeserlebnis mit ihm. Darum also erhebt sich auch das »Liebesobjekt« der Kleptomanen im Augenblick der Kommunikation weit über die Bedeutung eines Einzelfaktums oder einer Summe von Einzeldingen und wird zur Eintrittspforte oder besser: Einbruchstelle einer sinnlich-erotischen Liebeswirklichkeit mit all ihrem Überschwingen der alltäglichen Begrenzung, so kurz

---

Pädagogik, Bd. 2 (1927); M. LORAND: Crime in Fantasy and Dreams, and the Neurotic Criminal, Psychoanalyt. Rev. XVII (1930).

auch die Augenblicke der »Ewigkeit« bei allen bloß leiblich-triebhaften Verwirklichungsformen der Liebe stets sind[18].

Höchstes psychopathologisches Interesse darf ferner der Hinweis beanspruchen, den Erika Peßner über den Zusammenhang zwischen Angst und Lust formuliert. Wir werden aber zum selben Problem einen anderen Perversen, den Sadisten Erich Klotz, ausgiebig zu Wort kommen lassen müssen. Deshalb scheint es uns angeraten, die Diskussion über dieses Thema erst dort aufzunehmen.

Der kleptomanen Perversion ist der Grundverfassung nach nahe verwandt der Exhibitionismus und Voyeurismus. Den Kranken, den wir darüber sich aussprechen lassen wollen, wollen wir Eugen Sommer nennen.

D. EIN VOYEUR UND EXHIBITIONIST

Eugen Sommer entstammte einer vorehelichen Schwangerschaft, deren sich die Mutter zeitlebens schämte und die sie dem Vater bis zu dessen Tod, fünf Jahre nach der Geburt Eugens, nie vergaß. Damit ihr Sohn nur ja nie so leichtsinnig werde wie sein Vater, versuchte ihm die Mutter von klein auf Ekel und Scham allen sexuellen Dingen gegenüber beizubringen. Sie ließ sich dabei von einem sehr engstirnigen Pfarrer unterstützen, der bei jedem kleinen Sittlichkeitsverstoß des Kindes sofort zu Hilfe gerufen wurde. Einmal mußte der Pfarrer z. B. kommen, weil Eugen im Alter von 6 Jahren mit einigen seiner Schulkameraden ein Wetturinieren veranstaltet und nachher noch mit offenem Hosenschlitz ein paar kleine Mädchen in die Flucht getrieben hatte. Deswegen habe ihn der Pfarrer blutig geschlagen. Mit 8 Jah-

---

[18] Dies gilt ebenso in bezug auf die analogen »Hinterbedeutungen«, die die psychoanalytische Theorie auch den übrigen Fetischen gab: siehe z. B. S. FREUD: Drei Abhandl. z. Sexualtheorie, Ges. Schr., Bd. V, S. 28, Anm.; ferner K. ABRAHAM: Klinische Beiträge z. Psychoanalyse. Wien, Leipzig, Zürich 1921, S. 84, und M. BALINT: Ein Fall von Fetischismus, Int. Zschr. f. Psychoanalyse, Bd. 23 (1937), S. 413.

ren war er dann bereits gänzlich verschüchtert, mißmutig und unbeholfen. Da er zudem körperlich sehr schmächtig gebaut war und schielte, verlachten ihn in der Schule Buben und Mädchen. Bei seiner Ungeschicklichkeit mißlangen ihm alle aggressiven Abwehrversuche, so daß er sich resigniert in die Rolle des Prügelbuben hineingleiten ließ. Zugleich zogen ihn aber die Mädchen mächtig an. Er hätte ums Leben gerne einen Schulschatz gehabt. Schon mit 12 Jahren habe es ihn immer gedrängt, der schönsten Schulkameradin einmal einen Kuß auf den Mund zu geben. Die Angst davor war aber noch viel größer als sein Wunsch. Er gab sich damit zufrieden, möglichst jedesmal, wenn er vernahm, daß dieses Mädchen ins Strandbad gehe, eine Viertelstunde hinterher nachzukommen. Nie aber hätte er sich getraut, sich dort in ihrer unmittelbaren Nähe aufzuhalten. Einsam setzte er sich in eine Ecke, konnte jedoch seine Blicke nicht von dem Mädchen wegwenden. Magisch hätte ihn ihre fast nackte Gestalt angezogen, wie durch einen Zauber. Nichts anderes hätte es dann mehr auf der Welt gegeben. Seine Augen seien dabei wie hypnotisiert gewesen. Dieses bloße Schauen regte ihn sexuell stark auf. Darum wagte er nie, mehr als seinen Rock und seine Schuhe auszuziehen. Er hätte sich ja zu Tode schämen müssen, wenn ihn seine heimlich Geliebte in Badehosen gesehen hätte. In seinen Phantasien allerdings stellte er sich gerne vor, er würde sich die Kleider vom Leibe reißen, plötzlich splitternackt vor das Mädchen hintreten, und sie würde dann schüchtern zu ihm aufblicken und ihn schön finden. Eine solche Phantasie führte ihn mit Sicherheit zu einem starken sexuellen Orgasmus. Bald beschränkte er sich nicht mehr allein auf Phantasien. Mit 15 Jahren begann er, sich in abgelegenen Wäldern auch in Wirklichkeit ganz nackt auszuziehen und zu phantasieren. Er sah dann jeweilen einen ganzen Kranz schöner Mädchen um sich herum, die ebenfalls alle nackt waren und ihm sinnliche Tänze vorgaukelten. »In diesen Augenblicken«, sagte er, »fühlte ich mich im Himmel. Die Luft war immer voller Melodien. Wenn ich so dalag und phantasierte, vergingen die Stunden, ohne daß ich etwas davon merkte. Ich wäre in alle Ewigkeit so dagelegen, wenn mich nicht immer etwas früher oder später in den Alltag zurückgerufen hätte, irgendwelche Tierlaute oder Menschenstimmen. Wenn ich dann ernüchtert war und mich so nackt daliegen sah, kam regelmäßig eine große Scham über mich. Ich konnte dann immer ein paar Tage lang den Menschen fast nicht mehr in die Augen schauen.« Den sexuellen Erregungszustand selbst indessen bezeichnete Eugen Sommer als eine »wundervolle Seelenwollust«. Körperlich sei es dabei wohl zu starken Erektionen gekommen, selten aber hätte er es »bis zu einem Orgasmus getrieben«. Mit 20 Jahren erfand er die Technik, sich nackt an eine Bahnböschung zu legen. Von jedem vorüberfahrenden Zug aus fühlte er sich von vielen Frauen beobachtet, und so rasch auch ein solcher Zug wieder entschwand, jedesmal steigerte sich seine Erregung rapid bis zu einem heftigen Orgasmus. Sobald die Ekstase abklang, fiel er »wie durch einen langen tiefen Schacht in die gewöhnliche Welt hinunter«, und voll Reue und Scham rannte er nach Hause.

Als er noch ein paar Jahre älter geworden war, wagte er sich so weit vor, einzelnen Frauen direkt aufzulauern, irgendwo hinter einem Wäldchen oder einer Scheune in abgelegenen, weit von seinem Wohnort entfernten Gegenden, um dann aus einer gewissen Distanz vor ihnen zu exhibieren. Er gewann dabei auch eine gewisse Freude an dem Schrecken, den er damit manchen Frauen, »die sonst so hochnasig tun«, einjagen konnte, wenn einige von ihnen durch den Anblick seines Gliedes »wie gelähmt wurden vor Angst«, ihn nur »hilflos und entsetzt anschauten wie kleine Mädchen« und ganz »erschüttert« waren »bis zu innerst«. Dann fühlte er sich »männlich-aggressiv«, ein Gefühl, das er sonst gar nie kannte, und in diesem gehobenen Selbstgefühl konnte er seine Exhibition »noch einmal so stark« genießen. Gelang ihm eine solche besonders befriedigende Exhibition, so fühlte er sich nachher wohl beschämt wie immer, aber sexuell ruhig und entspannt. Für zwei bis drei Wochen hatte er sich dann gar nicht mehr gegen neue Versuchungen zu wehren. Je unbefriedigender aber sein sexuelles Erleben bei seinen perversen Akten war, gar, wenn er überhaupt nicht zu einem Orgasmus kam, fühlte er sich so lange herumgetrieben und »direkt süchtig wie ein Morphinist nach seiner Spritze«, bis er die versäumte »Vollbefriedigung« nachgeholt hatte.

In den ruhigen, sexuell entspannten Zeiten zwischen den exhibitionistischen Perioden litt er zunehmend an einer Erythrophobie und wurde namentlich vor den Frauen immer verschämter. Aber auch schon in der Schule — er war Sekundarschullehrer geworden — konnte ihn manchmal das Gefühl überwältigen, alle seine Zöglinge schauten ihm ausgerechnet auf sein Genitale. Dann wurde er ebenfalls rot und kam aus dem Konzept. Er vertraute sich vor allem dieser beruflichen Schwierigkeiten wegen seinem Hausarzte an und erhielt den Rat, so bald wie möglich zu heiraten. Zweimal verlobte er sich darauf, beide Male aber wurde die Verlobung von seiten der Bräute nach kurzer Zeit wieder gelöst, weil er »einfach zu schlapp« sei. Das bewog ihn schließlich zu einer psychoanalytischen Behandlung. Dieser Kur verdanken wir die aufschlußreichsten Äußerungen über das Liebeserleben eines Exhibitionisten. Unter vielen analogen Formulierungen sagte Eugen Sommer z. B. einmal: »Ganz in der Nähe sind mir die Frauen nie geheuer. Ich schäme mich einfach furchtbar vor ihnen.« Bei jeder intimeren körperlichen Annäherung seiner beiden Bräute sei es ihm dann auch stets zu Mute geworden, als wäre sein Glied gänzlich abgestorben, »als gehörte es gar nicht mehr zu meinem Körper; als würde gar kein Blut mehr drin fließen«. Ein andermal meinte er: »Man weiß nie, woran man mit den Frauen ist, sie sind mir einfach wie verboten aus der Nähe. Ich glaube, ich würde vor Scham sterben, wenn ich nackt ganz nahe vor einer Frau stehen würde und sie mich sogar berühren könnte. Wenn die Frauen aber weiter weg sind, wenn sie mich nicht direkt berühren und fassen können, wenn sie mich nur anschauen ... ja, so ist es, ich wage mich sogar in größter sexueller Spannung nicht dicht an eine Frau heran. Nur das verrückte Schämen überwinde ich dann und wage mich wenigstens den Blicken der Frauen auszusetzen. Das ist dann sehr schön und nicht so gefährlich. Wenn ich mein Glied den Frauen zeige, denke ich, ihre Blicke spielen mit ihm, streicheln es. Dann ist es himmlisch. Die Frauen sind dann wie Engel. Alles ist wunderbar schön. Oft muß ich dann an meine erste Kommunion denken, da mir auch war, als würde mich die Jungfrau Maria anblicken und mich mit himmlischer Süße erfüllen.« »Ja, so ist es«, sagte er in einer viel späteren analytischen Stunde, »meine Geschlechtsverbindung geht nur durch die Augen. Die Blickberührung ist so zart und himmlisch, die direkte körperliche Berührung dagegen ist plump und tierisch, wie eine Sünde. Irgendwie kommt mir der eigentliche Geschlechtsverkehr immer so vor, als wäre er die größte Schande für den Menschen.«

Darum achtete Eugen Sommer immer streng darauf, daß ihm die Frauen, auf die er es sexuell abgesehen hatte, nicht zu nahe kamen, ihm immer mindestens ein paar Meter vom Leibe blieben. Machten sie bei seinen Exhibitionen, wie es hin und wieder vorgekommen sein soll, Anstalten, seine Entblößung als Aufforderung aufzufassen, sie zu erwidern und sich ihm zu nähern, so sei er regelmäßig sofort gänzlich erkaltet und hätte vor Scham in den Erdboden versinken mögen. Einmal sagte ihm im Traum eine Stimme, es sei nicht anständig, die Frau näher als fünf Meter an sich herankommen zu lassen. Diese ihm vorgeschriebene Distanz bezeichnete er von da an selbst als seinen »psychischen Keuschheits- und Schamgürtel«.

Eugen Sommer gehörte, wie wir ihn kennengelernt haben, mit seinem ängstlichen, unsicheren, ausweichenden Charakter und vor allem mit seiner ungemein übertriebenen Schamhaftigkeit unzweifelhaft in die Reihe der von STAEHELIN [19] so vortrefflich beschriebenen Exhibitionisten. Übersteigerte Scham ist es auch bei Eugen Sommer, die ihn schon als Junge im Strandbad davon abhielt, mehr als Rock und Schuhe auszuziehen, und die ihn bis nach der psychoanalytischen Kur stets befiel, wenn er nur schon an einen unmittelbar leiblichen Kontakt mit einer Frau dachte. »Scham, Schande und Sünde« waren seine vordringlichsten Empfindungen allen sinnlich-erotischen Vorstellungsinhalten gegenüber. Übersteigerte Schamhaftigkeit, wie sie ihm in seiner Jugend die Mutter und ihr Pfarrhelfer in so unvernünftiger Art und Weise angezüchtet hatten, war es bei Eugen Sommer vor allem, die es ihm verunmöglichte, die menschliche Existenz auch in ihrer leiblichen Austragungsform anzunehmen, auszuhalten und zu bejahen; die ihm überdies seine Freiheit zur vollen Liebe nahm und sein Liebenkönnen so hochgradig einengte und maximal verdeckte. Seine Scham war es ja vor allen den noch tieferen Angstschranken, die bei ihm in der Gestalt eines fünf Meter dicken »Keuschheits- und Schamgürtels« einer restlosen, auch die Leibgrenzen überwindenden Liebeseinung hartnäckig widerstrebte.

Den Grenzcharakter der Scham hat schon SCHELER [20] sehr deutlich gesehen. In der Scham, sagt er, berühre sich »auf merkwürdige und dunkle Weise Geist und Fleisch, Ewigkeit und Zeitlichkeit, Wesen und Existenz.« Auch E. STRAUS [21] meint ihren abgrenzenden »Hüllencharakter«, wenn er eine

---

[19] J. E. STAEHELIN: Untersuchungen an 70 Exhibitionisten, Zschr. f. d. ges. Neur. u. Psychiatrie, Bd. 102 (1926). Mit diesen Untersuchungen wurde endlich auch HOCHES irreführende Behauptung von der allgemeinen Schamlosigkeit der Exhibitionisten endgültig widerlegt. (Siehe A. HOCHE: Grundzüge einer allg. gerichtl. Psychopathologie in Handb. d. gerichtl. Psychiatrie. Berlin 1901, S. 488).

[20] M. SCHELER: Über Scham und Schamgefühl, Schriften aus dem Nachlaß I, Berlin 1933, S. 57 f.

[21] E. STRAUS: Die Scham als historiologisches Problem, Schweiz. Arch. f. Psychiatrie, Bd. 31 (1933), S. 339.

existentiell behütende von einer mitweltlich verbergenden Scham trennen will. Normgemäß aber ist die Scham als ein Grenzsignal wohl um die Bewahrung der menschlichen Existenz vor dem Untergehen im Leiblich-Triebhaften-Animalen besorgt, nie jedoch verunmöglicht sie dem nicht krankhaft verengten und erstarrten Menschen, daß er stets sich »in der Tiefe fühlt und weiß als eine ›Brücke‹, als ein ›Übergang‹ zwischen zwei Seins- und Wesensordnungen (Fleisch und Geist, Ewigkeit und Zeitlichkeit, Weltlichkeit und Überweltlichkeit), in denen er gleich stark eingewurzelt ist und von denen er keine eine Sekunde lang preisgeben kann, um noch ein ›Mensch‹ zu heißen«[22]. Und erst recht nicht widersteht die Scham bei dem für alle Verhaltensmöglichkeiten offenen Menschen der alle Grenzen überwindenden Liebeseinung. Die Scham ist, sagen des Dichters Worte, »nur empfangen, daß sie in Liebe sterben soll« (THEODOR STORM). Beim Exhibitionisten Eugen Sommer jedoch ist die begrenzende, widerständige Schranke der Scham zu einer so übermächtigen Kruste verhärtet, daß sie seine Existenz in höchstem Maße einengt, verdeckt und abhält von der Fülle des liebenden Miteinanderseins, von der Tiefe und Weite einer vollen leiblich-geistigen Liebeseinheit zweier gegengeschlechtlicher Existenzen. So sehr ist sein Verhalten von einem dikken »Keuschheits- und Schamgürtel« vermauert, daß er diese starre Schranke lediglich im perversen Akt der Exhibition und im voyeuristischen Akt noch ein wenig zu sprengen vermag. Aber nur soweit gelingt eben dem Exhibitionisten und dem Voyeur diese Sprengung, daß der »Schamgürtel« gerade noch durchlässig und transparent wird für eine außerordentlich »dünne« »magere« Blick-»Kommunion«.

Verglichen mit der gewaltsamen Durchbrechung und Zertrümmerung der Eigentumsschranke im Stehlakt der kleptomanen Erika Peßner und ihrer »handgreiflichen« Einung mit dem sexuell reizvollen Geld, ist die Blickkommunion des Ex-

---

[22] M. SCHELER, a. a. O., S. 94.

hibitionisten und Voyeurs Eugen Sommer allerdings ein recht schüchterner Versuch. Immerhin handelt es sich bei der Scham um eine, vom existentiellen Zentrum her gesehen, bereits viel zentralere Schranke als bei der relativ peripheren Grenze sozialer Moral und gesellschaftlicher Eigentumsverhältnisse, die die Kleptomane zu überwinden hat. Zudem erzwingt sich der Exhibitionist die Verwirklichung der liebenden Beziehung immerhin noch im Verhältnis zu einer konkreten, wenn auch distanzierten weiblichen Liebesgestalt und nicht nur wie die Kleptomanin in ihrem Bezug zu leibfremdem, totem Material. Von einer vollen Liebeseinung zweier gleichberechtigter, gleichwertiger und sich einander freischenkender Individualitäten wird allerdings auch im exhibitionistischen und voyeuristischen Akt nur ein Rudiment realisiert.

Von neuem haben uns auch auf dem Gebiet des Exhibitionismus die uns von unserem Kranken selbst unmittelbar gezeigten Verhaltensweisen in schwere Widersprüche sowohl gegenüber der bisherigen »anthropologischen« Auffassung wie gegenüber der psychoanalytischen Theorie hineingeführt. Genau so nämlich wie bei der Zertrümmerung der Eigentumsschranke bei der kleptomanen Erika Peßner spielt im Erleben Eugen Sommers durchaus nicht die »Deformation« der Schamschranke die Rolle des zentral erregenden Faktors für die perverse Sexualität, weder in seinen exhibitionistischen Akten noch in seinen jugendlichen voyeuristischen Versuchen. Wiederum ist nicht, wie z. B. H Kunz[23] meint, bei ihm die »Nichtachtung der fremden privaten Sphäre und der Ausfall des (Vor-sich-selbst) Sichschämens anläßlich ihres Durchbrechens« Quelle der perversen Lust. Als sexuell erregend und lustvoll erfahren wird vielmehr wiederum auch von unserem Exhibitionisten ganz und gar nicht das Durchbrechen der Schamschranken als solches, sondern einzig und allein die nach diesem Durchbruch erreichte Befreiung seiner selbst aus übermäßiger pseudomoralischer Verpanzerung und

---

[23] H. KUNZ, a. a. O., S. 59, Anm.

die dann mögliche, wenn auch noch so »dünne« gefühls-
mäßige Blickvereinigung mit einem gegengeschlechtlichen Mitmenschen. Nicht umsonst sprach unser Exhibitionist selbst
von einer »Blickkommunion« und bezeichnete diese als das
zentral erregende »Einigungserlebnis«. Auch eine derartige
Kommunion ist aber immer noch, wie alle Liebeseinigung
überhaupt, ihrem eigensten Wesen nach aller Deformation,
Aggression und Zerstückelung radikal entgegengesetzt.

Noch viel weniger als mit einer Zerstückelung haben wir
es bei Eugen Sommer je mit einer »Objektivation« des Liebesobjektes zu tun gehabt, die E. STRAUS als so wesentlich
für den Voyeur hält[24]. Denn daß sein Betrachten des geliebten Mädchens im Strandbad »als solches von den Blicken,
in denen Liebende sich begegnen, so verschieden wie das
zarte, liebkosende Streicheln von dem ärztlichen Palpieren«
(E. STRAUS) gewesen wäre, läßt sich wirklich nicht behaupten; spricht doch Eugen Sommer selbst von einer »magischen«,
»hypnotisierten« Anziehung seiner Blicke durch die fast nackte Mädchengestalt, so daß nichts mehr anderes auf der Welt
für ihn existierte. Die Unterstellung einer solchen »Objektivation« beim Voyeur ist eine so wirklichkeitsfremde Konstruktion auf Grund einer eigenen versachlichenden Betrachtungsweise des Untersuchers, daß schon H. KUNZ, so weitgehend
er sonst der Perversionsauffassung von E. STRAUS beipflichtet,
Kritik daran übte[25].

Die psychoanalytische Theorie anderseits stellt die Schamschranke als eine sekundäre Sublimierungs- oder besser Reak-
tionsbildung gegenüber übermäßigen exhibitionistischen oder
voyeuristischen Partialtrieben dar. Wie wir aber bei Eugen
Sommer sahen, war es gerade umgekehrt die übermäßige
Schamschranke, die Schuld daran trug, daß sich bei ihm
die Liebe nicht anders als in einer bloßen exhibitionistischen
»Blickkommunion« zum Austrag bringen konnte.

---

[24] A. a. O., S. 340
[25] H. KUNZ, a. a. O., S. 59, Anm.

Außerdem bleibt uns die psychoanalytische Theorie nicht nur hier, sondern überall und immer die Antwort auf die Grundfrage schuldig, wie denn überhaupt eine mitmenschliche Beziehung auf Grund von Triebvorstellungen, seien es ganze Triebe oder bloß Partialtriebe, auf Grund also von an sich blinden libidinösen Triebquantitäten zu erklären, geschweige denn zu verstehen seien. Denn jede mitmenschliche Beziehung setzt doch immer schon voraus, daß ich das sogenannte Triebobjekt als diesen oder jenen Menschen vernommen und begriffen habe. Wie könnte ich mich sonst zu ihm in irgendeine Beziehung setzen? Wie aber das Erfassen irgendeines Bedeutungsgehaltes durch bloße »psychische Energie« zustande kommen soll, bleibt für immer unerfindlich.

In seinen letzten, vor Beginn der psychoanalytischen Behandlung unternommenen exhibitionistischen Akten begann Eugen Sommer, wie wir zum Schluß noch erwähnten, auch Freude an dem *Schrecken* zu gewinnen, den er manchen Frauen mit seinen exhibitionistischen Überraschungen einjagen konnte. Damit aber, daß er die »hochnasige« Persönlichkeitsstruktur der Frauen durch Schrecken »bis zu innerst« erschütterte, sie »hilflos, wie ein Kind gelähmt« machte und sich dann dem sexuellen Genuß mit doppelter Intensität hingeben konnte, übertrat er bereits den Bereich einer »reinen« exhibitionistischen Perversion und fügte seinem sexuellen Verhalten einen deutlich sadistischen Zug bei. Wir wollen indessen das Studium des Sadismus nicht an dieser für Eugen Sommer doch nur relativ nebensächlichen und spät erscheinenden Färbung seiner Perversion aufnehmen, sondern mit der Untersuchung der sado-masochistischen Perversion bei dem Liebeserleben des Erich Klotz einsetzen, bei dem ähnliche und noch viel krassere sadistische Verhaltensweisen das Bild beherrschten. Dann werden wir derartige vereinzelte sadistische Begleitsymptome anderer Perversionen, wie sie ja keineswegs selten sind, ohnehin leicht unserem Verständnis einordnen können.

Ebenfalls erst bei dem Sadisten Erich Klotz wollen wir

ferner dem Problem des Zusammenhanges zwischen Perversion und Sucht sowie der Frage der perversen »Gegensatzpaare« (Exhibitionismus-Voyeurismus, Sadismus-Masochismus), auf die schon KRAFFT-EBING aufmerksam gemacht hatte, und die dann auch von FREUD unterstrichen wurde, noch einige Beachtung schenken, obschon sie sich beide bereits bei Eugen Sommer deutlich anmeldeten. Wir haben überhaupt allen Grund, uns nun mit besonderem Interesse der Betrachtung des Sadismus zuzuwenden. Nicht nur hatte schon FREUD gerade diese »sexuelle Abirrung« als die »häufigste und bedeutsamste aller Perversionen«[26] bezeichnet und ihr in seiner Perversionstheorie eine hervorragende Stellung eingeräumt. Auch die psychopathologische Gegenbewegung, die von v. GEBSATTEL und STRAUS inaugurierte »anthropologische« Forschungsrichtung, machte diese nämliche Perversionsart zum speziellen Prüfstein ihrer theoretischen Bemühungen.

E. EIN SADO-MASOCHIST

Seit Generationen waren die Vorfahren Erich Klotzens immer tüchtige Hannoveraner Großkaufleute gewesen. Auch der Vater hatte durch seinen eisernen Willen und unermüdlichen, restlosen Arbeitseinsatz ganz Beträchtliches zur Mehrung des Familienvermögens beigetragen, ungeachtet eines schweren chronisch-ekzematösen Leidens. Für ihn hatte es noch keine Sonntage und keine Ferien gegeben. Tagaus, tagein war nur immer die Arbeit da. Wenn es im Hause hieß, der Vater arbeite, so hatten alle, Frau und Kinder, auf den Zehenspitzen herumzugehen. »Arbeit«, sagte Erich Klotz, »war der Gott in meinem Elternhaus. Neben ihm durfte es keine andern Götter geben, keine Kirche, keine Musik, kein Theater. Auch in der Bibliothek meines Vaters standen neben Büchern, die zu Willensstärkung und zu Erfolg im Leben anleiteten, nur noch ein paar armselige sentimentale Kitschromane, die wir Kinder aber nie berühren durften. So war das Haus gei-

---

[26] Drei Abhandl. zur Sexualtheorie, Ges. Schr., Bd. V, S. 32.

stig und seelisch ganz leer. Es gab ferner zwischen Vater und Kindern nicht die leiseste Zärtlichkeit, geschweige denn, daß je ein Wort über Erotik in diesem Hause Platz gehabt hätte. Denn der Gott ›Arbeit‹ und sein Oberpriester, mein Vater, verlangten nur nach Geldverdienen, nach Vorwärtskommen im Leben, nach dem Abwürgen der Konkurrenten. Alles andere war dumme Zeitverschwendung. Diesem Gott hatte mein Vater einen würdigen Altar gebaut. Draußen in der Halle des Hauses hatte er eine Tafel angebracht mit der großmächtigen Aufschrift ›Sgußmen‹. Sgußmen meinte in schüttelreimlicher Glorifizierung, ›'s muß gehen‹.« Wie eine Peitsche, berichtete Erich Klotz ein anderes Mal, habe ihn dieser Befehl zum dauernden Zähnezusammenbeißen jedesmal getroffen, wenn er durch die Halle ging. Der Befehl jedoch erreichte, was er wollte. Schon als kleiner Knabe antwortete Erich Klotz auf die übliche Frage nach seinem zukünftigen Berufe stets und prompt »Bismarck«. Darunter verstand er eine zwar nur vage, aber ausschließlich gewalttätige, machtvolle Größe, wie der Vater es war. Die Gottähnlichkeit dieses Vaters sei übrigens noch dadurch verstärkt worden, daß er sich wegen einer schleichenden Tuberkulose stets mit einem »cordon sanitaire« umgab und die Kinder nie an sich herankommen ließ. So übermächtig war in dieser Familie der Vater, daß nicht nur die Kinder vor ihm zitterten, sondern auch die Mutter nur als Schatten an seiner Seite zu leben wagte und auch ihrerseits noch unter seinem Einfluß die Kinder unablässig zum »Vorwärtskommen« antrieb. »Weißt du«, habe sie einmal zu Erich Klotz gesagt, »wenn du einst ein eigenes Auto haben wirst, wird das mein schönster Tag sein.« Zudem wurde die Mutter durch das Leiden ihres Mannes so gänzlich absorbiert, daß Erich durchwegs auf sich allein angewiesen war. Er sei immer »wahnsinnig allein gewesen«. So gewöhnte er sich frühzeitig daran, sich trotzig und schmollend in sich zurückzuziehen und fand sein größtes Vergnügen darin, irgendwo allein in einer Ecke mit seinen Bleisoldaten Krieg zu spielen oder mit imaginierten Handelsschiffen die Weltmeere zu beherrschen. Der Vater erschien ihm immer mehr »als eine schwere, drückende Zementdecke über dem dunklen Kellerverließ des elterlichen Hauses«. Als Erich ein einziges Mal mit 11 Jahren seinen Gefühlen freien Lauf ließ und heimlich in seinem Zimmer sich selber lyrische Gedichte vorrezitierte, fuhr plötzlich der Vater wie ein Blitz dazwischen und lachte ihn schallend aus, daß er solchen Blödsinn treibe, statt etwas Vernünftiges zu lernen. Einmal mehr mußte er damals die fast stereotype Zurechtweisung seines Vaters hören: er sei ein dummer Junge. Durch diesen Zwischenfall waren Erich ein für allemal die Gedichte verleidet worden. Er begann sich selbst über jede Gefühlsregung zu schämen, und ein paar Jahre darauf schrieb er sorgfältig ausgeklügelt seine zukünftigen Lebensregeln in ein Heft. Sie gipfelten alle darin, rücksichtslos, aber schlau, nach außen immer lächelnd, unter einer undurchdringlichen Maske seinen Weg in der Welt zu machen, wenn nötig, über Leichen zu schreiten, um auf jeden Fall aus der Masse herauszukommen und ein »Spitzenmensch« zu werden. Da er darunter dem Ideal seines Vaters entsprechend lediglich einen sehr erfolgreichen Geschäftsmann verstand, muß man rückblickend sein damaliges Vorhaben als weitgehend gelungen betrachten. Dank nämlich einerseits seinem eigenen Arbeitsfanatismus, dank andererseits seiner Heirat mit einer zwar ungeliebten, aber gesellschaftlich sehr einflußreichen Frau brachte es Erich Klotz schon in jungen Jahren zum Posten eines bedeutenden Generaldirektors. Sein glänzendes Vorwärtskommen verschaffte ihm jedoch bei weitem nicht die erhoffte innere Sicherheit und Zufriedenheit. Wenn er für sein Geschäft in der ganzen Welt herumhetzte, erreichte er wohl einen gewissen Lustgewinn. Für Augenblicke konnte er auch recht intensive Schadenfreude genießen, wenn er einen nach dem andern seiner Konkurrenten erledigte und überwältigte. Aber was »Glück« sei, das habe er selbst in den Momenten größter Machttriumphe nicht kennengelernt. Er hatte denn auch keinen einzigen Freund, nicht einmal einen Ort, wo er sich zu Hause fühlte. Dauernd lebte er in den Hotels aus seinen Koffern. Die Welt blieb ihm »kalt und trostlos«. »Sinnlos« erschien sie ihm auch in den seltenen Augenblicken der Selbstbetrachtung. »Wenn das Leben nur schon abgelebt wäre«, war einer seiner häufigsten Gedanken. Häuser und Menschen waren für ihn graue und starre Dinge, und oft war es ihm, als läge zwischen ihm und der Welt dickes, graues Glas. Stellte sich ihm in dieser Welt auch nur das geringste Hindernis entgegen, verbog sich ihm etwa ein Kragenknöpfchen oder wollte ein »Geschäftsfreund« nicht nach seiner Pfeife tanzen, so packte ihn sogleich eine wahnsinnige Wut. Alle Menschen wurden ihm dann zu »ekelhaft häßlichen, fratzenhaften Zwergen, die ich hätte krumm und klein schlagen mögen«. In diesen Haßzeiten sah er bloß noch den einen Ausweg: »Da könnte eigentlich nur ein richtiger Krieg helfen. Es ist einfach nicht mehr zum Aushalten. Die ganze Welt müßte man in alle Ewigkeit radikal kaputtschlagen und zu Staub zerstampfen können und mich damit.« Tatsächlich war er in diesen Zeiten oft nahe daran, sich eine Kugel durch den Kopf zu jagen. Tagelang konnten solche Haßstimmungen anhalten. Zudem erkrankte er mit 36 Jahren noch an einem weiteren, sehr arbeitsstörenden neurotischen Leiden, dessen genauere Symptomatik aber um der Diskretion willen verschwiegen werden darf, weil ihre Kenntnis in unserem Zusammenhang nicht unerläßlich ist. Lange wollte der Patient diese neurotischen Beschwerden überhaupt nicht zugeben. »So was soll ausgerechnet mir passieren, so eine Gemeinheit«, pflegte er zu sagen. Schließlich jedoch mußte er trotzdem klein beigeben, versuchte es zuerst lange und vergeblich mit einer äußerlichen, somatischen Behandlung, bis er sich dann doch einer Psychotherapie unterziehen mußte. Wie die neurotischen Symptome selbst, so empfand dieser Mann auch die psychoanalytische Aufforderung zur absoluten Ehrlichkeit dem Arzte gegenüber als eine Art Majestätsbeleidigung. Es brauchte über zwei Jahre geduldigster Arbeit, bis er wirklich nichts mehr absichtlich zurückhielt und verheimlichte. Am allerhartnäckigsten hatte er neben seinen finanziellen Verhältnissen seine frühe Onanie verschwiegen, weil er ein solches Geständnis als besonders »demütigend« empfand. Schließlich erfuhren wir jedoch, daß er von seinem 8. bis 14. Lebensjahr sehr heftige Onaniekämpfe zwischen seiner starken Sinnlichkeit und seinem eisernen Willen zur Selbstbeherrschung auszutragen hatte. Gleich zu Beginn der Onanie regte er sich sexuell vor allem an Phantasien auf, er werde auf seinen Hinteren geschlagen. Von wem er dies zu erdulden hatte, blieb dabei unbestimmt. Ebenso brachten ihn aber auch Phantasien rein sadistischen Inhaltes zum Orgasmus, besonders die Phantasie, er trete in ein Zimmer, auf dessen Boden eine Menge nackter Frauen lägen, die er peitschte und deren Körper sich im Schmerze vor ihm wie Würmer winden würden. Mit 18 Jahren kam er zur ersten sexuellen Beziehung mit einem Mädchen, und bald hatte er, wie er sich selbst ausdrückte, »einen ungeheuren Konsum von Weibern in allen Preislagen, von Straßendirnen bis zu Gräfinnen«. Allen Mädchen erklärte er aber zum vornherein, verlieben werde er sich unter keinen Umständen; denn nie dürfte ihn eine Liebesgeschichte in seiner Arbeit auch nur im geringsten stören. Solange er mit den Frauen sexuell nur »normal« verkehrte, wurde er dieser »Liebe« bald überdrüssig. »Immer genau die gleiche Geschichte«, sagte er, »immer wieder eine Frau, die sich auszieht, sich hinlegt und koitiert werden will.« Er fing an, sich über seine eigene Sexualität zu ärgern, daß sie ihn stets von neuem dazu verleitete, sich mit den »langweiligen Weibern« überhaupt abzugeben, mit dieser »schalen, öden Angelegenheit, die dann doch nur einen schlechten Geschmack im Munde hinterläßt«. Immer hatte er auch das Gefühl, die Frauen machten ihm mit ihrem Getue nur etwas vor, im Grunde seien sie alle »kalte Biester«, die ihn lediglich ausnützen wollten. Richtige Freude bereiteten ihm die sexuellen Beziehungen erst, als er anfing, seine alten Onaniephantasien in die Wirklichkeit umzusetzen, als er wagte, die Frauen zu beschimpfen und zu demütigen, sie mit den dreckigsten Wörtern zu besudeln, bis sie ohne »Frauenwürde« mehr waren. Als er merkte, daß sich viele der Frauen diese Behandlung gar nicht ungern gefallen ließen, getraute er sich, seine Partnerinnen auch körperlich zu vergewaltigen, sie zu binden, an einem Strick hochzuziehen, so daß sie wehrlos in der Luft zappelten. Auch liebte er es sehr, die Frauen an den Händen mit Eisenketten zu fesseln oder mit Ledergürteln ans Bett zu schnallen, oder sie in ein Korsett einzuschnüren, bis sie kaum mehr atmen konnten. Am meisten reizte ihn das Würgen am Halse, bis die Frauen ganz blau waren; das brachte ihn in allerhöchste geschlechtliche Erregung. Triebhaft habe er sie dabei auch vor und während dem Geschlechtsakt zu beißen und zu peitschen begehrt. Er legte sich zu diesem Zwecke eine eigene Peitschensammlung an, und es wurde ihm zu einer mächtigen Vorfreude, für die betreffende Frau jeweilen mit genießerischer Sorgfalt die für sie im Stil passendste Peitsche auszusuchen. Wenn die Frauen dann unter seinen Schlägen wimmerten, wenn sich auf ihrem Gesäß und Rücken rote Striemen zeigten oder gar Blut herauskam, so hätte er sie am liebsten noch ganz auseinandergerissen, so erregt sei er dann geworden, und er hätte das Blut direkt aus ihrem Herzen trinken mögen. Im Gegensatz zu den früheren »normalen« aber »schalen Angelegenheiten« gelangte er mit Hilfe dieser sadistischen Prozeduren zum höchsten, für ihn »unbeschreiblich erlösenden« Orgasmus. Nach solchem Erlebnis konnte er gewöhnlich acht bis vierzehn Tage lang frei von jedem quälenden sinnlichen Verlangen ungestört seiner Arbeit nachgehen, und vor allem nahm es ihm regelmäßig für einige Zeit die Schwere und die Trostlosigkeit des Alltags. Nie stellten sich unmittelbar danach die Wutanfälle mit ihren wahnsinnigen Vernichtungsimpulsen mehr ein. Klar und eindeutig betonte Erich Klotz, daß in seinem Erleben die Lust an der skrupellosen Gewalt in seiner Berufsarbeit, die Lust an der Schadenfreude beim Besiegen eines Konkurrenten himmelweit verschieden sei von der sadistischen Lust beim Quälen der Frauen. Das seien zwei Dinge wie Tag und Nacht. Voraussetzung freilich für ein sexuelles Lusterlebnis war, daß die Frauen wirklich mitmachten, daß er wirklich fühlte, sie würden mit ihm »lustleiden«. Wenn sie dies aber taten, »wenn sie sich mein Schlagen und Quälen lustvoll gefallen ließen, erhöhte sich meine Liebe zu der betreffenden Frau ungemein. Ich bin ihr dann von Herzen dankbar für das Geschenk, daß sie sich mir ganz öffnete und mir ermöglichte, meine starre Zivilfassade abzulegen, nicht immer nur der korrekte Herr Klotz sein zu müssen, sondern endlich einmal nur Natur, zum bloßen Adam werden zu können. Dann konnte ich wirklich glücklich sein.« Darum sagten ihm Dirnen, die nur Komödie spielten, gar nichts. Verbiß aber eine Frau den Schmerz, blieb sie kalt oder setzte sie ihm gar Widerstand entgegen, so konnte er auch ihnen gegenüber in höchste Wut geraten und aller erotische Zauber verflog. Bei einer Partnerin z. B., bei einem solchen »kalten Fisch«, die »hart wie Marmor blieb«, zündete er einmal in seiner Wut impulsiv das Bett an, auf dem sie lag, und er hätte sich unbändig gefreut, wenn sie in Flammen aufgegangen wäre. »Dann wäre sie schon geschmolzen, dann wäre ihre Hitze schon aus ihr herausgekommen, dann wäre auch aus ihr etwas Rotes wie das Blut herausgespritzt.« Mehrere Male hatte er die Frauen auch ihn schlagen, würgen und fesseln lassen. »Eigentlich war das Lustmoment dabei fast noch größer, als wenn ich schlug. Aber es ist für mich auch gefährlicher, das Schlagenlassen, es wird leicht zu etwas Uferlosem, ich könnte mich ganz dabei verlieren und mich ganz aus den Händen geben. Dann fällt meine ganze Haltung von mir weg, ich werde wie ein Bub, der gar keine Verantwortung mehr tragen muß. Wenn ich dagegen schlage, habe ich alles noch viel mehr in der Hand. Wenn aber die Frauen mich schlagen, dann fürchte ich manchmal, sie könnten mich nicht mehr herausgeben, sie könnten mich nicht mehr loslassen, und ich hätte dann wohl nicht mehr die Kraft, selbst wegzugehen. Wenn ich nur daran denke, überfällt mich ein Schaudern. Beim Schlagen ist die Frau wie eine Zauberin, die ich nur durch mein aktives Moment noch einigermaßen in Schranken halten kann.«

Dieser so skizzierte Mensch hatte Gelegenheit, sich in über 600 psychoanalytischen Sitzungen aus sich selbst heraus auszusprechen. Er fand dabei nie verwirklichte oder wieder verschüttete Verhaltensmöglichkeiten, bis er sich schließlich in einer guten Liebe zur Ehefrau geborgen fühlen konnte. Der Schatz an »freien« Assoziationen »zu sich selbst«, in denen sich diese Individualität schließlich auszuformen verstand, ist so reich, daß allein das unvollständige Stenogramm seiner Einfälle und Träume zwei dicke Bücher füllt. Für unsere Absichten können wir jedoch daraus nur noch ein paar wenige Stellen nachtragen: Der Vater wurde immer wieder mit der Vorstellung eines »Panzers« oder eines »grauen Klotzes« verbunden. »Mein Vater war kein Mensch, er war eine Metallfigur, ein grauer Eisenklotz. Mir ist auch, als hätte er immer einen grauen Bürorock angehabt, einen grauen verknöcherten Buchhalterpanzer, seelenlos, rein materielle Sache. Vorn darauf auf dem Bauch das Sgußmenschild. Da fließt kein Blut drin. Diese Buchhalterform hat mich von klein auf eingezwängt und zusammengedrückt. Immer hieß es, dummer Junge, das verstehst du nicht. Das war die reinste Zwangswirtschaft zu Hause. Dann bin ich selbst ein Panzerwesen geworden und verfiel auch dem Arbeitsgötzen. Wenn ich nur ein paar Minuten nicht arbeite, bekomme ich ein schlechtes Gewissen. Dann ist es, als stünden hinter mir die ganzen Ahnenreihen meiner Vorfahren auf und alle drohten mir mit einer Sgußmenpeitsche. Eigentlich ist die ganze Welt mein Feind. Ich stehe allein auf weiter Flur. Immer muß ich auf dem »qui vive« sein, weil alle mich angreifen wollen. Ich war ja schon als Kind wahnsinnig allein, habe mir ein eigentliches Fort ausgebaut. Es ist eine Isolierschicht um mich herum, ich kann nirgends eindringen. Nie erlebe ich etwas unmittelbar mit dem Herzen, alles geht nur durch meinen Verstand. Ich möchte die Wände zerkratzen, weil sie immer absondern und isolieren.« Als der Analytiker einmal eine unvermutete Bewegung machte, erschrak Erich Klotz heftig und sagte: »Komisch, jetzt erschrak ich so und dachte, Sie wollten mich schlagen, ja schlagen Sie mich einmal fürchterlich, damit dieser Panzer um mich endlich auseinanderbirst. Ich möchte so gern einmal aus mir herausgehen. Ich lebe ja immer wie in einem Gehrock. Darum hat mir die Geschichte vom Eulenspiegel solchen Eindruck gemacht, der beim Tode seines Vaters rief: ›Creusez un trou, l'âme veut sortir‹. Es ist schon eine Sehnsucht da in mir, aber sie ist gefangen und eingemauert. Wenn ich die Frauen beschimpfe und demütige, ihnen ihre Frauenwürde nehme, sie mit Drecknamen besudle, dann zerbreche ich damit ihr stolzes Persönlichkeitsgehäuse, die starre Haltung, die sie als erwachsene Menschen haben und die mich zehn Meter vom Leibe hält. Wenn ich die Frauen dann noch körperlich schlage, bis sie jammern und winseln, dann erst wird eine solche Frau ganz weich und sanftmütig und gefügsam. Meine sexuelle Lustkurve steigt in dem Moment rapid, wo die Frau anfängt, ganz zu tun, was ich will, wo sie nicht mehr eigensinnig und widerwillig ist. Dann ist plötzlich wie ein Fluß da, wie eine gemeinsame Elektrizität zwischen unseren Körpern, dann ist sie ein widerstandsloses Gefäß, aber von mir mit Lust erfüllt. Es muß der Moment der absoluten Gefügsamkeit und Widerstandslosigkeit kommen. Wenn der da ist, brauche ich keine Gewalt mehr. Es ist nicht ein Auslöschen des Willens, was ich haben muß, sondern nur die absolut sanftmütige Gefügsamkeit. Der Wille der Frau soll nicht tot sein, er soll nur ganz biegsam werden. Ich muß immer spüren, das ist ein Mensch, aber er hat sich restlos eingefügt. Dann besteht keine Eigenwilligkeit mehr, die die Frau von mir trennt, dann bin ich restlos glücklich. Dann ist der Bann gebrochen, dann folgt ihre Seele jeder Regung meiner Seele. Aber an die Sanftmut und Fügsamkeit der Frau kann ich erst glauben, wenn sie es mir durch lautes

Jammern und Winseln beweist, wenn mir ihre Tränen wie Schmelzwasser anzeigen, daß das Eis gebrochen ist. So ist das Schlagen und Quälen aber nur die ›Ouvertüre‹ zu meiner Erotik, in doppeltem Sinne, rein zeitlich schon und als wirkliche ›Eröffnung‹ des Inneren, des Herzens und des Gefühls. Aber eben, immer meine ich, wenn du etwas haben willst, mußt du es erschlagen, erzwingen, aufbrechen. So lebe ich unter lauter widrigen feindlichen Klötzen und bin selber ein Klotz. Daß ich auch die körperliche Hingabe der Frauen so erzwingen muß, kommt daher, daß ich eigentlich nie eine direkte Beziehung zum menschlichen Körper hatte, weder zu meinem noch erst recht zu dem Körper einer Frau. Fleisch als etwas Lebendiges konnte ich einfach nicht erfassen. Wenn ich heute im Bett neben meiner Frau liege, kommt es mir immer noch ganz unwahrscheinlich vor, daß ich einen Frauenleib anfassen darf. Darum muß ich so handgreifliche Beweise haben, daß ich das darf, muß den Leib gefesselt haben, damit ich glauben kann, jetzt gehört er mir. Daß eine Frau, daß sogar ihr Leib von sich aus mir entgegenquellen könnte, ist mir ganz unfaßbar, gefühlsmäßig. Verstandesmäßig habe ich das oft genug gesehen, aber glauben tue ich es doch nicht. Erst wenn eine Frau jammert unter den Schmerzen, dann bin ich ihrer Widerstandslosigkeit sicher. Nur der Schmerz dringt durch alles hindurch, durch alle Körperhüllen bis ins Mark. Das habe ich selbst zum erstenmal beim Zahnarzt erlebt, als er mir einmal entsetzlich weh tat. Da war eine so tiefe Lust dabei, daß ich eine Erektion bekam. Denn dieser Schmerz ging bis ins Zentrum, ins Innerste, bis dort, wo ich eigentlich wirklich bin, durch alles Äußere, alle Hüllen, sogar durch den härtesten Zahnschmelz hindurch. So ist das Gefühl, wenn es an den wirklichen Lebensnerv geht. Da liegt der Nerv offen. Da ist das Wirkliche geöffnet. Da gibt es keine Trennungswand mehr, da ist ›the very thing‹. Darum weiß ich auch bei Frauen, wenn sie vor Schmerz winseln, jetzt ist keine Wand mehr da, nicht einmal mehr vor dem Geschlechtlichen, selbst wenn sie wollten, nicht mehr. Dann hat sie keine Mauer mehr um sich, kann gar nicht mehr entscheiden, ob sie nicht doch noch Widerstand leisten will. Erst dann ist sie so weit, daß ich keinen Widerstand mehr riskieren muß. Dann ist sie nicht mehr vornehme Dame, dann geht sie ganz auf im Sinnlichen, und ihr Blut strömt auf mich über. Dann fällt die ganze steife Fassade der bürgerlichen Welt zusammen. Nur wenn ich die roten Streifen der Frauenhaut sehe oder die Blutstropfen, kann ich glauben, daß das Blut der Frau wirklich sinnlich aufwallt und überbordet. Dann weiß ich, daß sie keine kalte Statue mehr ist, dann ist ihr Hochmut aufgebrochen, aufgeknackt und auseinandergebrochen. Erst dann kann auch meine eigene eingemauerte Männlichkeit aufbrechen und in sie eindringen. Eigentlich reizen mich die stolzen Damen der Gesellschaft, die so selbstsicher tun, besonders stark, sie aufzubrechen, aber ich habe Angst davor, sie würden das nicht verstehen. Darum gehe ich lieber zu kleineren Mädchen, etwa in der Preislage von Ladenmädchen. Meine Lust hat auch viel mit Angst zu tun, mit der Angst vor dem Würgen und dem Fesseln, vor dem Ersticken. Darum ist das Strangulieren noch schöner als das bloße Schlagen. Ob ich die Frauen stranguliere oder ob ich von ihnen stranguliert werde, ist gleich. Wenn die Frau im Verhältnis zu meiner Art der männlichere Typ ist, gibt es sich von selbst, daß sie mich würgt und fesselt. Ist sie aber weiblicher und von geringerer Aktivität, ist es ebenso selbstverständlich, daß ich sie stranguliere. Die Hauptsache ist einfach, daß überhaupt stranguliert wird. Das Strangulieren und Fesseln gibt entsetzlich Angst, und in der Angst wird das Leben und die Lust komprimiert, wird zusammengepreßt auf immer engeren Raum. Je mehr die Angst von außen preßt, um so lebendiger wird die Lust im Innern, um so explosiver wird die Lust, bis sie schließlich die Angstfesseln sprengt und alles platzt. Je angstkomprimierter es vorher war, um so lustvoller ist dann die Explosion. Man kann darum nie sagen, ist die Angst größer, ist die

Lust größer. Ein Lustmord wäre ein höchst intensiver Zustand von Angst. Wo der Lustzustand in der Angstenge so unglaublich explosiv wird, daß man sich nicht anders zu helfen weiß, als die Lust durch das Aufreißen des ganzen Leibes zu befreien, da kommt es zum Lustmord.«

Viel später, nicht sehr lange vor dem Abschluß der Behandlung, stellte dann Erich Klotz einmal im Gegensatz zu früher fest: »Jetzt habe ich manchmal meine Frau so lieb, daß es mir weh tut, wenn ich nur ihre Hand berühre, weil die Liebe so über mein Irdisches hinausgeht, aus allen Fingerspitzen hinausdrängt. Dann habe ich auch das Gefühl, es platzt, es reißt etwas in mir. In diesem Moment ist man dann über sich hinaus, man ist ein Stück zum Himmel herangekommen.« Im eigentlich sexuellen sado-masochistischen Verhalten hatte sich im Laufe der Behandlung immer deutlicher eine charakteristische Veränderung herausgestellt. Je mehr Erich Klotz die spontane Hingabebereitschaft seiner Frau und seine eigene Hingabemöglichkeit wahrzunehmen begann, um so weniger brauchte er Peitschen und Ketten. Bald genügte es ihm, sie nur noch für alle Fälle in der Nähe zu wissen, um zu einem geschlechtlichen Liebesakt zu kommen. Schließlich interessierte ihn nicht einmal mehr die Gegenwart der ehemaligen Werkzeuge seines Sadismus.

Dieses Dasein nun, das mit dem Menschen Erich Klotz in die Welt gekommen war, sahen wir durch den Familiengott »Arbeit« und den Vater, dessen »Oberpriester«, in seinen mitmenschlichen Beziehungsmöglichkeiten zunehmend bis auf die Verhaltensweise eines grauen Klotzes und eisernen Panzers eingeengt werden. Als solch erstarrter Mensch hetzte Erich Klotz unter der »Sgußmenpeitsche« rastlos in der Welt herum, von einem Geschäft ins andere, damit er nur ja »vorwärts« komme und ein Spitzenmensch im Geldverdienen werde. In einer solchen Welt hatte er nirgends eine Heimat, konnte er sich selbstverständlich an keinem Ort zu Hause fühlen. Jeder war da seines Nächsten Feind, und stets mußte er auf dem »Qui vive« sein. Er ist darum auch von klein auf »wahnsinnig allein«, ein absolut Vereinzelter, ganz im Sinne STIRNERS [27], auf ein rein eigensüchtiges, egoistisches Beherrschen und auf zweckhaftes Handeln eingezwängt, abgeschnitten sowohl von seiner Mitwelt als auch von der Eigenwelt seiner Gefühle. So ist er ins sinnlose Nichts gestellt, in ein Leben, das »möglichst bald abgelebt« sein möchte, in eine Welt, zu der nur sein Verstand, nicht aber sein Herz Zugang hat, die darum »kalt und trostlos« und wie durch graues Glas von ihm abgetrennt bleibt. Nur einmal im Alter von 11 Jahren, als er sich lyrische Gedichte vorlas, hatte sich das liebend Mit-einander-Sein ein wenig unter der »schweren Zementdecke« über dem »Kellerverlies« seines Elternhauses hervorgewagt, war aber durch des Vaters bissigen Hohn gleich wieder verschüttet worden. Ein solches sinnverarmtes und existentiell entleertes Leben weiß aus dem Grauen vor seiner Leere sich nicht anders zu helfen, als eben in der Welt der Dinge und Gegenstände »vorwärtszukommen«, Geld zu verdienen, die Welt rings um sich herum zu überwältigen und zu verschlingen, um wenigstens so die gähnende existentielle Leere auszufüllen. Darum der unerbittliche Drang und Zwang zur Betriebsamkeit und zum unermüdlichen Konkurrenzkampf. Die Erfolge dieser Intentionen, Macht- und Überwältigungstriumphe, in ihrer aktiven oder passiven Erlebnisform, sind daher auch die einzigen, diesem so gestimmten Existieren möglichen Lustquellen. Weil aber diese Auffüllung für alles Mitseiende Vernichtung des Eigenwertes, ein richtiges Verschlungenwerden bedeutet, stößt Dasein, das nur als diese Verhaltensweise in der Welt zu sein vermag, dauernd auf Widerstand. Jeder Widerstand aber gegen die hier einzig mögliche Form des Sein-könnens, gegen das selbstherrliche Benützen und das rücksichtslose Verschlingen der Um- und Mitwelt beschwor in Erich Klotz jeweilen sofort einen »wahnsinnigen« Haß herauf. Seine Erfahrung dieser »Reaktion« läßt

---

[27] M. STIRNER: Der einzige und sein Eigentum. 2. Aufl., Leipzig.

uns mit aller Deutlichkeit erkennen, wie wenig dem Phänomen des Hasses wissenschaftlich Genüge getan wird, wenn man es lediglich als einen Akt »intentionalen Interesses« (BRENTANO) oder gar nur als »Gemütsbewegung« bestimmt, als einen »Affekt«, der etwa auch in andere »Affekte«, in Liebe sogar, »umschlagen« könnte. Nicht minder wirklichkeitsfern steht dem faktischen Geschehen die Abstraktion des Hasses zu einem Aggressionstrieb oder einem Todestrieb (ADLER, FREUD) gegenüber, die ihr Analogon in der Reduktion der Liebe auf den Geschlechtstrieb besitzt[28]. Will man vielmehr dem Phänomen Haß nicht künstlich Abbruch tun, kann man auch ihn nur als eine eigene Grundbefindlichkeit des Daseins, als eine besondere Weise von Gestimmtsein einer Existenz im Ganzen begreifen. Darum ist auch die Existenz des hassenden Erich Klotz auf eine ganz spezifische Art und Weise gestimmt. Diese Haß-Stimmung ist es, die alle konkreten Gestalten seiner Welt, auch sein eigenes Selbst, nur noch so sich zeigen läßt, daß sie gerade nicht mehr ihre Schönheit, Lieblichkeit und Grenzenlosigkeit offenbaren, wie sie sie im liebenden Mit-einander-Sein aufleuchten lassen können. Das auf Haß gestimmte Weltverhältnis des Erich Klotz ist vielmehr wie alles Hassen so eminent schönheitsfeindlich, daß es alles in »Häßliche« verunstaltet erscheinen läßt[29]. Wörtlich hörten wir ja von unserem Patienten, wie sehr sein Haß die ganze Welt in »fratzenhaft« und »zwerghaft« Enges verzeichnete, sie »in alle Ewigkeit kaputt schlagen und zu Staub zerstampfen will, ihn, den Hassenden selbst schließlich mit eingeschlossen[30].

---

[28] Ganz abgesehen davon, daß eine solche Ableitung der Aggressionen aus »Trieben« schon an und für sich nicht möglich ist, worauf wir bereits in der Anmerkung 7, S. 31, hingewiesen haben.

[29] Auf den »Haßgehalt« dieses ästhetischen Eigenschaftswortes hat schon FRANZ V. BAADER in seiner »Religiösen Erotik«, 15, hingewiesen.

[30] C. ZILBOORG: Suicide among civilized and primitive Races, American Journal of Psychiatrie, Vol. 92 (1936), S. 1368.

Gleicherweise verzerrt ja auch in SHAEKESPEARES Richard III.
der Haß der Lady Anna den Mörder ihres Gatten zu
»giftigem Gewürm«, und selbst dessen zukünftiges Kind
wünscht ihr Haß »mißgeboren« »verwahrlost und zu früh
ans Licht gebracht, deß' greulich unnatürliche Gestalt den
Blick der hoffnungsvollen Mutter schrecke«. Nicht anders ar-
tet in der Nibelungensage Krimhildens Haß wie alle seine
übermächtigen Bekundungen unweigerlich aus in eine Orgie
der Rache, in der ihre Welt, sie selbst inbegriffen, vernichtet
wird.

Aus der Enge seiner Welt der Gier und des Hasses konnte
Erich Klotz, wie wir sehr eindeutig von ihm hörten, auch
durch seine sogenannte Liebe nicht erlöst werden, solange
sie sich auf den äußerlich normalen Geschlechtsverkehr beschränkte. Nur blieben eben seine normalen Sexualakte weit
entfernt von einem liebeserfüllten Geschlechtsverkehr. In ihnen war die mögliche Fülle mann-weiblichen Miteinanderseins zusammengeschrumpft auf ein Geschehen, in das lediglich sein selbstferner Leib und die isolierte Triebhaftigkeit
eingingen, an dem aber seine geistige, menschliche Indivi-
dualtät nicht den geringsten Anteil hatte. Dementsprechend
glück- und lustarm erlebte Erich Klotz die Orgasmen dieser
sexuellen Leibfunktionen. Denn in seiner auf Klotz- und
Panzerhaftes eingeengten Haß-Welt war ihm auch das Wesen der Frau »verunstaltet« zur Bedeutung einer objektiven
Handelsware von bestimmter »Preislage«, oder gar zu feind-
seligen Panzerdingen. Die Möglichkeit, daß die Individualität einer Frau aus eigenem Verlangen, aus schenkender Liebe
sich ihm geben, daß gar ihr Leib in einem liebeerfüllten
Geschlechtakt ihm »entgegenquellen« könnte, lag für ihn
völlig außerhalb des Begreifens.

Und doch waren die Frauen, sie jedenfalls mehr als irgendeine andere Gegebenheit seiner hassenswerten Welt, nicht
ganz nur so, verkörperten nicht bloß eine widerständige
Schranke und Begrenzung. Irgendwo zu innerst, schwer verdeckt freilich, ahnte er unter den dicken Mauern der er-

wachsenen Persönlichkeitshülle einer Frau und hinter den kalten Marmorfassaden ihrer Haut[31] sowohl wie bei sich selbst doch noch einen Bereich anderer Art. Dieses Ahnen allein schon genügt, um Erich Klotz klar von einem, der überhaupt nur hassen kann, zu unterscheiden. Wenn immer er als sadomasochistischer Perverser existierte, war es ihm nämlich nicht wie dann, wenn er ein reiner Hasser war, der an den konkreten Gestalten der Welt überhaupt nichts anders mehr als lebenswidrige Schranken zu erfahren vermag, einfach um ihre Zerstörung schlechthin zu tun. Vielmehr bot er das ganze Rüstzeug seiner perversen Phantasien und Praktiken der geistigen und leiblichen Überwältigung, des gewaltsamen Aufbrechens, Aufknackens und Sprengens lediglich dazu auf, um zu jenem vergrabenen, aber im Gegensatz zum nur noch hassenden Vernichter doch noch potentiell oder faktisch erreichbaren, obzwar sehr verborgenen Liebesinneren der Frauen und seiner selbst zu gelangen. Darum waren ihm die Beziehungen zu den weiblichen Wesen erst von dem Zeitpunkt an, da er diese Prozeduren auch in die Wirklichkeit zu tragen gewagt hatte, bedeutungsvoll geworden. Nicht jedoch, darüber spricht sich das Dasein Erich Klotz' deutlich genug aus, waren es die Überwältigungen und Schrankenzerstörungen an sich, die er zu erreichen trachtete, und die ihm zur eigentlichen Quelle seiner intensiven sexuell-erotischen Ekstase geworden wären, wie es bisher u. W. alle Autoren, von KRAFFT-EBING über EULENBURG

---

[31] In diese Bedeutung der Haut als mögliche Schranke und trennende Leibkontur sind auch alle diesbezüglichen Aussagen J. SADGERS und O. RANKS hineinzudenken. Erst dann gewinnen deren an sich groteske Schlußfolgerungen und theoretische Spekulationen über den Ursprung des Masochismus aus der Hauterotik, aus dem Eingewickeltwerden als Säugling oder gar aus der lustvollen Umwandlung der Geburtsschmerzen einen gewissen Sinn. Nur dann wird ferner begreiflich, warum die Hautreizungen beim Sado-Masochismus gerade und ausschließlich den Charakter des Schmerzes haben müssen, der ja immer eine Integritätsverletzung der leiblichen oder geistigen Individuumsumgrenzung anzeigt — eine Frage, die SADGER überhaupt nicht sah.

bis zu v. GEBSATTEL immer wieder annahmen. Wohl schwangen auch bei Erich Klotz oft Schadenfreude, Rachegelüste und triumphierende Machtgefühle bei der Überwältigung seiner Frauen mit. Aber diese Art von Lust habe er, wie er stets wiederholte, seit je bei der Vernichtung und Überwältigung der starken geschäftlichen Konkurrenten unvergleichlich intensiver empfunden als den schwachen Frauen gegenüber. Diese Haßlust »innerhalb seiner selbst«, wie er einmal sagte, sei auch in ihrem ganzen Wesen, ihrer Qualität nach »himmelweit verschieden«, verschieden wie »Tag und Nacht von der viel tieferen, gemeinsamen erotischen Lust«, die aufkomme, sobald er Frauen »sanftmütig und widerstandslos offen« gemacht, wenn das »Schmelzwasser ihrer Tränen« »ihm verriet, daß das Eis gebrochen« sei, und er endlich seine Männlichkeit mit ihrem inneren Weiblichen »kommunizieren« lassen konnte, mit ihm in Fluß kam, und »eine gemeinsame Elektrizität« die beiden Körper verband. Dieses spezifisch erotische Einungs- und Liebeserlebnis, und nicht die Zerstörung war es, das Erich Klotz eindeutig von der Überwältigungslust zu unterscheiden wußte und das er bei seinen sado-masochistischen Beziehungen durch alle Panzerungen seiner Welt hindurch zu erreichen suchte. Nur waren eben die Schranken und Hindernisse so übermäßig starr und widerstandsfähig, daß die Liebe sie nicht ohne weiteres zu überschwingen vermochte, sondern sie nur mit den Mitteln der Gewalt zerschlagen konnte. Darum mußte Erich Klotz zuerst die »Würde der Frau«, die stolze widerstrebende »Persönlichkeitshülle« der erwachsenen, zivilisierten, verantwortlichen Individualität der Partnerin durch seine Beschimpfungen und moralischen Demütigungen zerbrechen, mußte er ihr Jammern bei seinen Quälereien hören und sie zum hilflosen, wimmernden Kind machen, als handgreifliche Beweise absoluter Sanftmütigkeit und Gefügsamkeit. Er mußte auch spüren, wie körperlicher Schmerz die leibliche Schale der Frau bis zu innerst aufbrach, so wie er selbst am eigenen Leibe erlitten hatte, daß Schmerz alle Mauern aufzureißen und bis dorthin zu dringen vermag, wo man »wirklich« ist, »bis auf den Lebensnerv«, bis zum »very thing«. Sogar Blutstriemen auf der Haut seiner Partnerin mußten ihm beweisen, daß das Blut der Frau in Wallung geriet und ihm entgegenquelle. Oder er selbst mußte sich passiv masochistisch durch die Frau seinen »steifen Gehrock vom Leibe reißen lassen«, die Partnerinnen mußten auch ihm mittels ihrer Demütigungen die Schale seiner Verantwortlichkeit zerbrechen und ihn zum widerstandslosen »Buben« degradieren. In solch drastischer Weise also wußte bei dem Sado-Masochisten der »liebende Einungswille« die Deformierung und Zerstörung in seinen Dienst zu stellen, um die Schranken der Klotzwelt zu öffnen, wenn sie schon nicht anders von der Liebe durchdrungen und überschwungen werden konnten.

Überaus prägnant faßt diesen ganzen Sinn und Gehalt seiner sado-masochistischen Perversion einmal ein Traum zusammen, den Erich Klotz bereits zu Beginn der Psychoanalyse mitgebracht hatte: Er sah sich darin auf einem großen Gletscher, und er wußte, daß da tief unter dem Eise vergraben seine Mutter lag. Mit einem mächtigen Eispickel schlug er auf den Gletscher ein, um sich einen Zugang zu ihr zu graben und sie herauszuholen. Aber er kam nicht recht vom Fleck. Darüber verzweifelte er so, daß er laut aufschluchzte und an seinen eigenen Seufzern erwachte. Selbst in seiner Traumexistenz also hatte ihm der gletscherharte und eiskalte Geist des Vaters die Mutter, die ihm für alles stand, was Liebe für ihn bedeutete, derart vermauert, daß nicht einmal die wuchtigsten Pickelhiebe so recht fruchten wollten, diese Kruste zu durchstoßen.

Wenn aber — und dies zeigt überzeugend, wie sehr Aggression, Deformierung und Zerstörung hier nicht Selbstzweck, nicht »Lebensnerv«, sondern nur Instrument der Erotik sind — eine Partnerin »richtig mitmachte«, wenn sie sich mit Lust die Schranken ihrer eingekerkerten Weiblichkeit und Sinnlichkeit und die »Marmorfassade ihrer Haut« aufreißen ließ, oder wenn sie ihrerseits durch ihr Schlagen die »eingemauerte Männlichkeit« des Patienten befreite, dann erhöhte sich »seine Liebe zu der betreffenden Frau ungemein«. Er ist »für dieses Geschenk«, für das sich ganz Öffnen und Geben und für die Möglichkeit, seine starre Zivilfassade endlich einmal ablegen zu können und einmal nicht immer nur der steife »Herr Klotz« sein zu müssen, sondern zur »bloßen Natur«, zum »alten Adam« werden zu dürfen, »von Herzen dankbar«. Dann überkommt ihn »ein großes Glücksgefühl«.

Die scharfe qualitative Unterscheidung, die Erich Klotz so deutlich zwischen der bloßen Bemächtigungslust, die er auch bezeichnenderweise als eine Lust »innerhalb seiner selbst« beschrieb, und der »viel tiefen, gemeinsamen erotischen Lust bei seinen sado-masochistischen Beziehungen zu Frauen« zu treffen wußte, erscheint uns zu bedeutsam, als daß wir sie unbesehen übergehen dürften. Insbesondere widerspricht diese Differenzierung unseres Patienten diametral der psychoanalytischen Theorie. Diese nämlich baut ihr Menschenbild auf einem ganz undifferenzierten, allgemeinen Lustprinzip auf und macht den Begriff einer qualitätslosen Libido-Energie zur Grundlage ihres Menschenverständnisses. Abgesehen von der damit vollzogenen Verabsolutierung der Triebhaftigkeit hat sie so im Gegensatz zur tatsächlichen Erfahrung, wie sie sich auch in den Worten des Erich Klotz aussprach, die qualitativen Differenzen der mannigfachen Lustformen in echt quantifizierend-naturwissenschaftlicher Tendenz möglichst weitgehend verschwinden lassen. So hat sie etwa die tausendfältigen Lustqualitäten, die mit dem Behaltenkönnen von etwas einhergehen, auf die eine, die zeitlich früh erscheinende Zurückhalte-Lust nivelliert, die das Kind seinem Kot gegenüber empfindet und hat sie dementsprechend alle der »Analerotik« subsumiert.

Halten wir uns jedoch an die Wirklichkeit der Erfahrung selbst, so scheinen uns die Phänomene unseres Falles zu zeigen, daß all den verschiedenen Lusterlebnissen nicht ein abstraktes Lustprinzip, sondern eine ganz andere Gemeinsamkeit zugrunde liegt. Immer nämlich ist es ein Sich-Einlassenkönnen in reichere Beziehungen zu den begegnenden Dingen und Mitmenschen, das in sich so oder anders lustvoll gestimmt ist. Das auf ein bloß selbstsüchtiges Besitzen und Bewältigen des Begegnenden reduzierte Existieren ermöglicht freilich nur eine rein zahlenmäßige Vermehrung von immer gleichbleibenden Besitzesbeziehungen zu ständig zahlreicheren Gegenständen. Das liebende Miteinandersein mit einem Mitmenschen dagegen bringt eine qualitativ viel reichere Erfüllung des Existierens mit sich, weil jeder Partner durch den geliebten Andern hindurch auch noch die ganz anderen, die gegengeschlechtlichen Beziehungsmöglichkeiten gegenüber den sich zeigenden Dingen und Mitmenschen mitvollziehen kann. Dadurch vermögen sich ihm diese zugleich in viel mannigfaltigerer Bedeutungsfülle zu erschließen. So wird auch leicht der gewaltige Unterschied zwischen der bloßen Bemächtigungshaßlust des Erich Klotz und seiner sado-masochistischen Einigungslust begreiflich, welchen Unterschied Erich Klotz als so groß wie den von Tag und Nacht beschreibt.

Diese qualitativen Lustdifferenzen dürfen auch nicht durch die Tatsache verwischt werden, daß oft genug das leibliche Werkzeug beider Lustformen das nämliche ist, daß z. B. der Mund (ganz abgesehen von seiner »objektiv« nutritiven Organfunktion, die ja gar nicht erlebt, sondern nur »objektiv« wissenschaftlich entdeckt wird) in der Freßgier eindeutig dem »klotzhaften« Verschlingen dient, während er im Kuß ebenso eindeutig in die Liebeseinung hinein gehört. In manche Mundaktionen, wenn es sich etwa um das Essen einer von der Geliebten geschenkten Speise handelt, können sogar gleichzeitig beide Bedeutsamkeiten und damit auch beide Lustqualitäten eingehen. Dabei ist aber gegenüber H. SCHULTZ-HENCKE [32] festzuhalten, daß auch das egoistisch-habgierige Verhalten zu den Dingen seine sehr intensiven Lüste von

---

[32] H. SCHULTZ-HENCKE: Der gehemmte Mensch, S. 51.

spezifischer Qualität hat, während dieser Autor aus den ihr entsprechenden »Verhaltensweisen« nur den »charakterlichen«, besser: den rein formalen Aspekt, die »retentiven« und »kaptativen« Strebungen heraushebt, überbetont und hier »das Lustvolle« lediglich »eine Art Anhängsel« des Charakterlichen sein läßt. Noch weiter schießt in einer analogen formalisierenden Reaktion gegen die FREUDsche Libidotheorie K. HORNEY übers Ziel hinaus, wenn sie behauptet, nur Organerregungen genitaler Provenienz, nur solche, die den Genitalien entstammen, nicht aber etwa die des Mundes beim Küssen dürften sexuell genannt werden, sowohl beim normalen Liebesspiel als auch bei pervers-sexuellen Akten, da die letzte Befriedigung doch in den Genitalien liege (the ultimate satisfaction rests with the genitals) [33]. Zumal im normalen, liebeerfüllten Geschlechtsakt wird jedoch der Leib als ganzer, in den sexuell-perversen Betätigungen werden wenigstens die noch nicht neurotisch »verdeckten« Leibteile in das erotische Erleben einbezogen. Dementsprechend werden in diesem Sinnzusammenhang einer Liebeseinung auch alle leiblichen Empfindungsqualitäten als spezifisch sinnlich-erotisch empfunden. Selbst der Darmausgang kann da, aber nur da, aufgehoben im liebenden Mit-einander-Sein, wirklich »analerotisch« werden. Die Lust*intensitäten* mögen freilich von Organ zu Organ variieren, und normalerweise kulminiert allerdings gleichsam der »Geschlechtsleib« (GEBSATTEL) in den Genitalien, »spitzt sich in ihnen zu«.

Unter den verschiedenartigen Durch- und Einbruchsversuchen des Erich Klotz verdient vielleicht die einmalige Triebhandlung des Bettanzündens bei einer allzu widerständigen Frau noch der besonderen Erwähnung, weil sie für die Psychologie gewisser Pyroman-Perverser aufschlußreich sein mag. In dem Feuer nämlich sollte die unfügsame Partnerin des Patienten doch noch schmelzen. Durch die lodernden Flammen hätte ihr Blut zu roter Hitzeaufwallung gezwun-

---

[33] K. HORNEY: New Ways in Psychoanalysis, S. 51 f.

gen werden sollen, wie Erich Klotz sich ausdrückte. Es gehört denn auch ganz allgemein zum eigensten Wesen des Feuers, die erdhafte Starrheit der Dinge zu lösen, ihr geheimes Innere emporsteigen zu lassen und eine höchst eindrückliche Bewegtheit in die bisher unveränderlich beharrenden Gegenstände zu bringen[34]. Jedenfalls scheinen uns die bisherigen Untersuchungen über die Psychologie der Pyromanen, jene SCHMIDS z. B.[35], der im Feuerlegen lediglich einen durch archaische Regression bedingten und verfehlten Sublimierungsversuch sieht, sowie O. PFISTERS berechtigte libidotheoretische Korrektur dieser Arbeit[36] eines anthropologischen Unterbaues sehr zu bedürfen.

Neben dem Aufreißen der »Kruste« von außen her kannte Erich Klotz auch ein Sprengen aus dem Innern heraus, und zwar mit Hilfe des Fesselns und Strangulierens. Noch deutlicher als bei den andern Gewaltsamkeiten vermochte er hierbei anzugeben, wie relativ irrelevant es für sein Erleben ist, ob er den aktiven oder den erleidenden Partner spielt, wie beide Erlebensvarianten sogar eng miteinander verschlungen sein können. Das Fesseln und Würgen in jeder Form bedeutete ihm stets eine maximale Steigerung der Enge und der Angst, und er erlebte dabei, wie sein Leben so sehr »komprimiert« wurde, daß es schließlich von innen heraus »explodierte«, die starren Mauern seines Erlebens sprengte und seine innerste Lust befreite. Den höchsten Grad »seliger Lustbefreiung« versprach er sich von einer so hochgradigen Kompression des Existierens in Angst und Gewaltfesseln, daß nur noch ein Lustmord, ein die irdische Fortexistenz des Individuums nicht mehr achtendes, sie zur Bedeutungslosigkeit versenkendes, schrankenloses Aufreißen der Leibesmauern die Lösung hätte herbeiführen kön-

---

[34] Siehe über die Symbolik des Feuers: G. BACHELARD: La Psychoanalyse du Feu. Paris 1938.

[35] H. SCHMID: Zur Psychologie der Brandstifter, in: Psychologische Abhandlungen, herausg. v. C. G. JUNG, Wien 1914.

[36] O. PFISTER: Ist die Brandstiftung ein archaischer Sublimierungsversuch? Int. Zschr. f. ärztl. Psychoanalyse, Bd. 3 (1915).

nen. Wiederum konnte er es in seinem phantasierenden Erleben unentschieden bleiben, ob er oder die Partnerin den irdischen Tod erlitten und ihn in der erotischen Einung überschwangen.

In diesem Angst-Lust-Erlebnis, das Erich Klotz in der unbeantwortbaren Frage zusammenfaßte: »Man weiß nie, ist die Angst größer, ist die Lust größer?«, spricht sich, wie uns scheint, wenn auch in sadistischer Verzerrung und leiblich-triebhafter Einschränkung, besonders eindrücklich der systolisch-diastolische Herzschlag des Daseins aus, von der Systole des angstverstimmten und beengten Weltbezuges zur Diastole der unendlichen Seligkeit des liebenden Miteinanderseins. Es macht uns aber auch ganz klar, daß die alte Problemstellung, auf welche Art und Weise wohl Schmerz, Leid und Angst in sexuelle Lust »umschlagen« könnten, die von der erklärenden und vergegenständlichenden Psychologie stets ins Zentrum der sado-masochistischen Perversion gerückt wird, an der Wirklichkeit der Phänomene vorbeizielt. Nicht umsonst wirken denn auch alle ihre Antworten auf diese Frage so eigentümlich gequält, konstruiert und gänzlich unbefriedigend. So etwa, um nur ein Beispiel für eine große Zahl ganz ähnlicher Anschauungen zu erwähnen, wenn S. NACHT in seiner umfangreichen Monographie über den Masochismus [37] sich in bezug auf dessen erotische Form mit dem Hinweis auf die physiologische Nachbarschaft der Gesäß-Schmerznerven und der Sexualfasern begnügt und daraus die Möglichkeit eines »couplage: douleur et sensation érotique« ableitet. In der masochistischen Perversion denkt er sich ferner in typisch mechanistischer Weise die Angst, die er als Abkömmling des Aggressionstriebes erklärt, mit diesem zusammen einfach »sexualisiert«. Darin findet er übrigens die

[37] S. NACHT: Le Masochisme. Paris 1938, S. 51.
[38] R. LOEWENSTEIN: L'origine du Masochisme et la théorie des pulsions, Rev. fr. d. Psychoanalyse, T. 10 (1938), S. 302.
[39] W. REICH: Der masochistische Charakter, a. a. O. und: Charakteranalyse. Wien 1933, S. 248.

volle Unterstützung durch LOEWENSTEIN [38]. Nach andern psychoanalytischen Forschern, nach REICH [39] vor allem, aber auch nach REIK [40], verwandelt sich der Schmerz in masochistische Lust, weil sich mit dem Leiden und den Strafen andere Triebbefriedigungen erkaufen ließen, oder weil durch das Geschlagenwerden noch viel Schlimmeres, die Kastration nämlich, vermieden werden konnte. Neuerdings spricht REIK auch einfach von einer »osmosis of pleasure and anxiety« (a. a. O., S. 65). Schließlich findet er für die Lösung des ganzen Masochismusrätsels die Fassung: »The urge for pleasure is so powerful that anxiety and the idea of punishment themselves are drawn into its sphere and they are finally established as the pleasure aims, as if to scoff at every threatening intimidation« (a. a. O., S. 191).

Bei Licht besehen entpuppen sich aber sowohl die anatomisch »nahegelegten« »couplages: douleur et sensation érotique« wie die rein psychischen »Sexualisierungen« der Angst und des Aggressionstriebes oder die »osmosis of pleasure and anxiety« als physikalistische Spekulationen, die eine Umwandlung von Schmerz in Lust, wenn sie wirklich vorkommen sollte, nicht im geringsten erklären und erst recht nichts über das Wesen der Perversion aussagen können. Anderseits sind die Deutungen REICHS und REIKS Schlußfolgerungen, die zum mindesten nach dem in ihren Arbeiten vorgebrachten Beobachtungsmaterial alles andere als zwingend erscheinen.

K. HORNEY [41] kennzeichnet zwar die »Welt« des Masochisten vortrefflich als »hard and begrudging and there is no such thing as spontaneous kindness«. Da sie aber das »Charakterliche« zum alleinigen Ausgangspunkt ihrer Untersuchungen macht und »Charakter« immer bloß das Endlich-begrenzende, Rollenhafte einer Individualität meint, bekommt sie, ganz ähnlich wie wir es auch hier wieder bei den »anthro-

---

[40] TH. REIK: Masochism in Modern Man. New York 1941, S. 127.
[41] A. a. O., S. 262, 273.

pologischen« Untersuchern antreffen werden, lediglich die technische Seite des Masochismus in sicheren Griff. In bezug auf das in Frage stehende Hauptproblem des »Überganges« von Schmerz in Lust jedoch muß sie in vager und unbefriedigender Weise Regreß nehmen auf »the philosophical truth that at a certain point quantity is converted into quality«. Das heiße im besonderen Falle des Masochismus, daß Steigerung des Schmerzes ins Exzessive »as an opiate against pain« dienen könne.

H. SCHULTZ-HENCKE [42] endlich nimmt als Erklärung einer sado-masochistischen Perversion unter anderem »ursprüngliche, autochthone Koppelungserlebnisse« an zwischen heftigen Emotionen oder inneren Spannungen und sexuellen Erregungen, ausdrücklich im Sinne der »bedingten Reflexe«, wobei also die beiden mehr oder weniger zufällig zusammengekoppelten Erregungen ihrem Wesen nach gar nichts miteinander zu tun zu haben brauchten. Aber ganz abgesehen davon, daß weder das von SCHULTZ-HENCKE beschriebene *Ent*stehen noch das *Be*stehenbleiben sadistischer Perversionen auch nur annähernd den Kriterien genügen, wie sie die moderne Physiologie für den bedingten Reflex herausgearbeitet hat [43], kommt diese »Erklärung« im Grunde einer Kapitulation vor unserer Fragestellung gleich. Ferner ist einzuwenden, daß dagegen eine sogenannte »Koppelung« mit sexuellen Erregungen oder ein sogenanntes »Irradiieren« auf die sexuelle Sphäre durchaus nicht bei allen Gemütsbewegungen mit der nämlichen Leichtigkeit möglich ist. Daß Ärger, auch sehr heftiger Ärger, eine sexuelle Erregung »induziert«, ist z. B. gewiß eine Seltenheit, während Angst und aggressive Impulse, etwa in den Angstpollutionen und in den Raufspielen der Kna-

---

[42] A. a. O., S. 55.
[43] Siehe hierüber z. B. W. H. GANTT: Recent Works of Pawlow and his Pupils, Arch. of Neur. Vol. 17 (1927), S. 514 und: Experimental Approach to Psychiatry, Amer. Journ. of Psychiatry, Vol. 92 (1936), S. 1007. Ferner: E. KÜPPERS: Kritisches z. Lehre von den bedingten Reflexen, Deutsche Zschr. f. Nervenheilk., Bd. 3 (1929), S. 215.

ben sich besonders häufig mit sexuellen Orgasmen vergesellschaftet finden. Daraus folgt unzweifelhaft, daß irgendwelche Mechanismen bloßer Koppelung oder Verwandlung beliebiger Erregungsgrößen niemals das Wesen des sado-masochistischen Phänomens bestimmen können. Vielmehr muß das qualitative Moment der nicht-sexuellen »Komponente«, deren ontologischer Sinn den Ausschlag geben. Deshalb darf auch ein wesensmäßiges Verstehen des inneren Zusammenhanges zwischen den beiden »Koppelungsgliedern« nur von ihren ontologischen Bedeutungen aus erhofft werden. Gerade über diesen Sinn der Angst und der Destruktion erfuhren wir aber von Erich Klotz, daß mit beiden, mit jener durch die Erzeugung einer inneren »Lebenskompression«, mit dieser von außen her, das Dasein die widerständigen Schranken eines »klotzigen« Weltverhältnisses zu sprengen und der Liebe den Weg freizumachen vermag bis »hinunter« in ihre leiblich-triebhafte Erscheinungsform des sexuellen Lusterlebnisses. Dem ist so, weil jedermann sowohl in seinem maximalen Hassen als auch in seinem äußersten Geängstigtsein im wahrsten Sinne des Wortes »außer sich« gerät. Damit jedoch durchbricht er aber auch immer zugleich und notwendigerweise die ihn eingrenzenden Konturen seiner üblichen Existenzverfassung. Dieser Sachverhalt erst begründet die Möglichkeit, daß unter Umständen alle sehr hochgradigen Erregungen analog wie Ängste und Destruktionen die Verdeckungen der Liebe aufreißen und ihr z. B. in einem sexuellen Orgasmus zum Durchbruch verhelfen können. Von Gewalttätigkeiten oder irgendwelchen andern »heftigen Emotionen« aber deswegen die sexuelle Erregung ableiten oder sie als ihr Verwandlungsprodukt oder ihre Irradiation verstehen zu wollen, ist völlig unzulässig. Sie bedeuteten denn auch beim Sado-Masochisten Erich Klotz, wie wir sahen, die Demütigungen, Schmerzen und Ängste lediglich gleichsam die schweren Waffen. Er bedurfte ihrer, um mit ihnen in seiner Welt von grauen Klötzen und eisernen Panzern, in der eine extreme Vereinzelung und Erstarrung die Austragungsmöglichkeiten der

Liebe in den leiblichen und geistigen Regionen tief verschüttet und verdeckt hielt, die Verkrustungen, die widerständigen Schalen und Mauern doch noch zu sprengen und sich Zugang und Einlaß zur Liebeseinung mannweiblichen Wesens zu verschaffen. Daß bei diesem gewaltsamen Aufreißen und Aufgerissen-werden freilich viel von der vollen Menschlichkeit der Partner mit einstürzt und damit ein umfassendes Miteinandersein zweier gleichwertiger, selbständiger Liebespartner unmöglich wird, versteht sich von selbst. Immerhin brauchte bei Erich Klotz die Zerstörung der Schale nicht bis zur Vernichtung des Menschlichen überhaupt zu gehen. Seine Partnerin durfte und sollte sogar ihren Willen behalten, er mußte spüren, daß da ein Mensch war, wenn nur ihr Wille völlig in Einklang mit dem seinen gebracht werden konnte. So war diesem Menschen Erich Klotz trotz aller Verbauung eine relativ befriedigende Liebeseinung möglich; nicht befriedigend genug allerdings für den potentiellen Reichtum seiner Individualität, wie die spätere neurotische Erkrankung zeigte. Aber immerhin war sie reicher an Bedeutungsgehalt als sehr viele sogenannte normale Liebesbeziehungen. Jedenfalls war sie so reich, daß er nicht nur von Lusterlebnissen, sondern des öfteren auch von großen Glücksgefühlen sprach. Und Glück meint doch immer das Erfahren einer Weitung von Welt, die sich nicht nur wie die bloße Lusterfahrung auf den leiblich-sinnlichen Bereich beschränkt.

In gewissem Sinne wirklichkeitsnäher als die abstrahierende und reduzierende psychoanalytische Theorie hatte v. GEBSATTEL das Wesen des Masochismus von seiner dieser diametral entgegengesetzten »anthropologischen« Warte aus gesehen. Er nämlich versuchte diese Perversion aus dem »Verlangen nach Hingabe bei Unfähigkeit zu ihr« zu verstehen. Aber wie E. STRAUS und H. KUNZ sieht v. GEBSATTEL auch hier, an der sado-masochistischen Erscheinung, wieder nur die technische, »äußere« Seite der Phänomene und verurteilt dementsprechend ihr ganzes Wesen perspektivisch verzerrt als bloße Deformation. So erblickt er im »schmerzsüchtigen«

Verhalten lediglich die Bewegung »von oben nach unten, von der Erhöhung in die Erniedrigung, von der Fülle in die Armut, vom Ganzen in die Zerreißung, von der Verlebendigung in das Abtöten, von der Bejahung in die Verneinung, vom Werden in das Zunichtewerden, von der Gestalt in die Ungestalt, vom Wesen ins Unwesen« [44]. In dieser Bewegung erschöpft sich ihm der ganze geheime Sinn und das Ziel dieser Perversion. Dabei übersieht er, daß alles sogenannte sado-masochistische Deformieren, Erniedrigen, Verunstalten und Verneinen von Werten immer nur Mittel zu einem ganz anderen Zwecke ist. Dieser ganz andere Zweck besteht — wie es Erich Klotz so überaus deutlich ausspricht — darin, die Widerstände und Verkrustungen, die alle Dinge und Mitmenschen eines solchen Kranken auf Grund seines mißtrauisch-distanzierten Weltverhältnisses in einem unerträglichen Übermaß zeigen, niederzureißen oder zu durchbrechen, um doch noch ein — wenn auch noch so kümmerliches — liebendes Miteinandersein möglich werden zu lassen. Diesen durch das sado-masochistische Zerbrechen der Schale eröffneten »Fluß von einem zum andern«, diese »gemeinsame Elektrizität« allein und nicht die »Deformierung« an sich erfuhr Erich Klotz als *die* Quelle seiner sexuell-erotischen Ekstase. Die aggressiven Impulse jedoch und ihre Praxis, die Schläge und die Demütigungen, waren ihm nur die »Ouvertüre« hierzu, eine »Ouvertüre in doppeltem Sinne«, wie er selbst es so überaus trefflich charakterisierte, »rein zeitlich schon und als wirkliche Eröffnung des Inneren, des Herzens und des Gefühls«. In ähnlicher Weise hatte sich auch schon unser Exhibitionist einen Zugang und eine erotisch erfahrene Nähe zu den Frauen eröffnen können, wenn er sie erschreckte, ihre »hochnasige« Persönlichkeit »erschütterte« und sie »hilflos« wie ein Kind machte. Nur darum konnten für Erich Klotz mit der zunehmenden Auflockerung seiner Verhaltens-

---

[44] V. E. v. GEBSATTEL: Süchtiges Verhalten usw., a. a. O., S. 137 u. S. 183.

starre im Verlaufe der Behandlung auch die Instrumente seiner sado-masochistischen Overtüre, seine Peitsche und Kette an Interesse langsam verlieren und zur Erreichung des sexuell-erotischen Verschmelzungserlebnisses immer überflüssiger werden. Schließlich genügte schon die bloße Berührung seiner Frau, um ihn »über das Irdische hinaus« zu heben, ihn »ein Stück zum Himmel heran« kommen zu lassen.

Wie sollte denn auch, und diese Paradoxie ließ uns schon einmal zu Beginn unserer Untersuchung an der Richtigkeit der bisherigen »anthropologischen« Theorie der Perversionen überhaupt stutzig werden, eine bloße Bewegung von oben nach unten, vom Wesen zum Unwesen eine sexuelle Erregung und einen befreienden Orgasmus »bewirken« können? Denn Geschlechtsverkehr und sexueller Orgasmus sind doch eindeutige Austragungsformen der Liebe, selbst dann, wenn die Liebe sich in einem Menschen auf diese ihre rein naturhaften Phänomene einschränken und in solch isolierter Gestalt sich manchen sekundären geistigen Mißbrauch gefallen lassen muß. Ohne die Zuhilfenahme von rätselhaften Koppelungs- und Verwandlungskonstruktionen, die wie in der psychoanalytischen Sadismustheorie eine derartige Bedeutungsumkehrung erst zu bewerkstelligen hätten, bleibt deshalb auch von v. GEBSATTELS Sicht aus die Orgasmusfähigkeit des Sado-Masochisten, das also, was diese Störung überhaupt erst zu einer sexuellen Perversion macht, ebenfalls völlig unbegreiflich. Die Kennzeichnung v. GEBSATTELS allein trifft denn auch gar nicht das Wesen eines Sado-Masochisten, sondern das eines reinen Hassers, wie es Erich Klotz zu Zeiten seiner frühen Wut- und Haßperioden war, als er die Welt und sich in den Staub zerstampfen wollte. Gerade die Aufnahme seiner pervers sado-masochistischen Liebesbeziehung mit ihrer letzten Endes immerhin noch in beträchtlichem Ausmaße ermöglichten erotisch-sexuellen Hingabe ließ ihn diese reine Haßwelt weitgehend überwinden, gab das liebende Miteinandersein doch so weit frei, daß er seinen Partnerinnen für ihr »Geschenk« sehr dankbar sein konnte.

Weil dem so ist und weil nicht die destruktiven Impulse (H. KUNZ) der »Lebensnerv« (E. STRAUS) der sado-masochistische Perversion des Erich Klotz war, widersprechen seine Aussagen und seine Erlebnisse der weiteren, innerhalb seiner Theorie freilich zwangsläufigen Schlußfolgerung v. GEBSATTELS: es müßte eigentlich dem Sadisten jede selbst lustempfindende Partnerin »das Spiel verderben«, weil seine Lustempfindung des Opfers ein Gegenbeweis gegen eine gelungene Destruktion wäre; »eine Paradoxie«, sagt v. GEBSATTEL sogar, »wie sie für alle perversen Gegenseitigkeitsverhältnisse kennzeichnend« sei [45]. Die Partnerin Erich Klotzens jedoch mußte geradezu als »conditio sine qua non« selbst hohe Lust am Schlagen und Geschlagenwerden empfinden, sie mußte, wie er sagte, »richtig lust-leiden können«, wenn sie ihm nicht das ganze erotische Erleben vernichten wollte. In genau gleicher Weise äußerte auch eine Patientin SADGERS [46], eine Kratz- und Beißsadistin: »Wenn ich einen kratze, muß ich das Gefühl haben, daß es ihm weh und wohl zugleich tut. Merke ich, daß es ihm nicht auch wohl tut, so bleibt mein Vergnügen völlig aus.«

Diese »Liebesbedingung« mit ihrer eindeutigen Bezogenheit auf die Partnerin widerlegt noch ein weiteres Mal die Behauptung von dem wesenhaft reflexiven Charakter der sadomasochistischen Perversion, wie sie STRAUS [47] und v. GEBSATTEL [48] vertreten, und wie sie auch REIK mit seiner Bemerkung über die Phantasien als die eigentliche Quelle und den eigentlichen Ursprung des Masochismus annimmt [49]. Dazu kommt, daß Erich Klotz überzeugend auszusagen weiß, die tat-

---

[45] E. V. v. GEBSATTEL: Süchtiges Verhalten, S. 127/128.
[46] J. SADGER: Über den sado-masochistischen Komplex, Zschr. f. Psychoanalyse und psychopatholog. Forschungen, Bd. V, 1913, S. 160.
[47] E. STRAUS: Geschehnis und Erlebnis. Berlin 1930, S. 114.
[48] E. V. v. GEBSATTEL: Über süchtiges Verhalten im Gebiet der sex. Verirrungen, S. 128.
[49] TH. REIK: Masochismus, in »Modern Man«. New York 1941, S. 169.

sächlich ausgeführten sado-masochistischen Praktiken an wirklichen Frauen hätten ihm stets ein unvergleichlich lustvolleres Erleben erlaubt als bloße Phantasien. Sobald er sich denn auch seine Perversion in der konkreten Wirklichkeit gestattete, gab er sein Phantasieren so gut wie gänzlich auf und an keiner einzigen Stelle seines Erlebens wird sichtbar, daß er die Partnerinnen in höherem Maße als bloß materialisiertes Selbst empfunden hätte, als dies für die normalen Geschlechtsbeziehungen zutrifft. Wenn der nur phantasierende Sadist v. GEBSATTELS seine Phantasien ausspann und sich darin vom faktischen Schlagen distanzierte, so ereignet sich ein solches Ausspinnen und Distanzieren gewiß ebenso oft bei Menschen, die »normale« Sexualhandlungen bloß in Phantasien zu gestalten wagen. Das »Distanzieren« liegt dann eben schon im »bloß Phantasieren-Können«, nicht aber in der speziell sado-masochistischen Natur der Phantasien[50].

Schließlich sei noch als letzter Einwand gegen die in vielen anderen Beziehungen so aufschlußreiche Darstellung v. GEBSATTELS angeführt, daß sich in der sado-masochistischen Perversion des Erich Klotz nicht die Spur eines süchtigen oder zwanghaften Verhaltens zeigt, während v. GEBSATTEL die Sucht geradezu wesenhaft »als Ablaufmodus der Perversion schlechthin« bezeichnet[51]. In gleicher Weise befindet sich das Erleben unseres Patienten im Widerspruch zur Ansicht von H. KUNZ, wenn er das Zwangs- und Suchtartige der Perversion als wesentliches Unterscheidungsmerkmal gegenüber den von FREUD ebenfalls als pervers bezeichneten infantilen Triebäußerungen unterstreicht[52]. Süchtig und zwanghaft mögen, wie es der Ausgangsfall v. GEBSATTELS war, alle bloß phantasierenden Sadisten sein, ebenso wie jene, die mit Hilfe und trotz ihrer perversen Praktiken doch nur zu einem allzu

---

[50] Vgl. z. B. auch den sehr deutlich gerade nicht reflexiven Charakter der sadistischen Wünsche in einer Mitteilung einer Patientin von H. ELLIS: Das Geschlechtsgefühl. Würzburg 1903, S. 154.
[51] A. a. O., S. 156.
[52] Zur Theorie der Perversion, a. a. O., S. 13.

rudimentären Liebeserlebnis kommen. Denn natürlich gibt es auch unter den Perversen alle Formen und Grade von Impotenzen, bei ihrer typisch übermäßigen Verhemmtheit in bezug auf ein offenes gefühlsmäßiges Sich-einlassen-Können in eine Liebesbeziehung gewiß noch häufiger als unter den Durchschnittsmenschen. Gerade bei Erich Klotz jedoch fehlten sowohl Sucht wie Zwang völlig. Denn er brachte dank seinen sado-masochistischen Handlungen doch noch eine relativ befriedigende Liebeseinung zustande und litt seiner Perversion wegen nicht an Schuldgefühlen. Bei unserem Exhibitionisten Sommer freilich hatten wir feststellen müssen, daß bei ihm tatsächlich süchtiges Verhalten auftreten konnte. Bezeichnenderweise war dies jedoch immer nur der Fall, wenn seine sexuellen Aktionen besonders unbefriedigend ausgefallen waren. Diese beiden Feststellungen lassen unseres Erachtens nicht länger daran zweifeln, daß weder Sucht noch Zwang den pervers-sexuellen Phänomenen als solchen zugehören. Sucht und Zwang sind vielmehr hier wie überall sonst Folgen eines Nicht-Zulassenwollens bestimmter Seinsbezirke und gewisser Verhaltensmöglichkeiten diesen gegenüber, die doch unabdingbar zu der betreffenden Existenz gehören. Das so unter der Diktatur einer aufoktroyierten Pseudomoral Verleugnete ist es regelmäßig, das dann seinerseits den Verleugner in Gestalt von Süchten und Zwängen überfällt und ihn überwältigt.

Sehr eindringlich weist das Erleben des Erich Klotz weiterhin auf das viel diskutierte Phänomen des Gleichzeitigkeits- und Austauschverhältnisses sadistischer und masochistischer Einstellung hin. Schon KRAFFT-EBING [53] war diese Erscheinung aufgefallen, doch mußte er es noch bei einer bloßen Registrierung als Merkwürdigkeit bewenden lassen. FREUD fand dann eine Erklärung darin, daß er sich zuerst den Masochismus als einen unter dem Einfluß von Schuldgefühlen nach innen gewendeten sadistischen Partialtrieb vor-

---

[53] A. a. O., S. 156.

stellte, um dann allerdings nach der Konzeption seiner Todes-triebhypothese das Verhältnis umzukehren. Ihren eigentlichen Sinn erhalten aber diese theoretisch abstrahierenden Erklä-rungen und Deutungen erst auf dem Hintergrund einer beide Phänomene gemeinsam tragenden Existenzverfassung. Denn nur vor solchem Hintergrund wird verständlich, daß etwa ein Schuldgefühl überhaupt zum Motiv für ein Umschlagen der einen in die andere Verhaltensweise werden kann. V. GEBS-SATTEL sah die den beiden Erscheinungen, dem Sadismus und dem Masochismus, eigentümliche anthropologische Gemeinsam-keit in dem »*einen* Mittelpunkt«, in der »destruktiven Ge-genbewegung« gegen den Sinn des »normativen Ich-Du-Ver-hältnisses«.[54] Das Erleben des Erich Klotz zeigt uns jedoch eine ganz andere ihnen gemeinsam zugrunde liegende Wirk-lichkeit. Es ist dies der Durchbruch des liebenden Miteinan-derseinwollens durch die von einem angstverstimmten Existie-ren gesetzten, übermäßigen »Schranken und Krusten« seiner Klotz- und Panzerhaftigkeit.

Ganz unmißverständlich formuliert er daher: »Ob ich sie, die Frauen, stranguliere, oder ob ich von ihnen stranguliert werde, ist gleich, die Hauptsache ist einfach, daß überhaupt stranguliert wird.« Denn offenbar kommt es dem Sado-maso-chisten, von ihm als Ganzem aus gesehen, nur darauf an, daß sein klotzhaft verkrustetes Weltverhältnis irgendwie durchbrochen wird, um nur ja das liebende Miteinandersein doch noch zum Austrag bringen zu können. Ob man sich dabei aktiver oder passiver mitweltbezogener Intentionen und Aktionen bedient, hängt dann nur mehr davon ab, ob die Partnerin die schwächere oder die stärkere Persönlichkeit re-präsentiere, ob sie, wie z. B. Erich Klotz sich ausdrückte, im Verhältnis zu ihm der weiblichere oder der männlichere Typ sei. Da keinerlei Schuldgefühle für die Wendung ins Masochistische verantwortlich zu machen waren, sehen wir bei ihm ein ungewöhnlich freies, selbstverständliches Hin-

---

[54] A. a. O., S. 135.

und Herflottieren zwischen sadistischem und masochistischem Verhalten. Zwar gestattet er sich bei nicht entscheidenden äußeren Umständen die masochistische Variante eher etwas weniger leicht als die sadistische, aber nur, weil er fürchtet, sich im masochistischen Verhalten ins Uferlose zu verlieren, sich nicht mehr zurückzufinden aus ihm, da es für ihn die noch etwas größere Hingabemöglichkeit barg. Beim aktiv sadistischen Verhalten hatte doch er die Situation immer noch mehr in der Hand.

Wenn FREUD daher auf das regelmäßige Zusammentreffen sadistischer und masochistischer Züge, wie auch exhibitionistischer und voyeuristischer Neigungen in ein und demselben Menschen mit der Redewendung aufmerksam machte, diese beiden Perversionen träten immer als *Gegensatzpaare* auf [55], so ist im Grunde, daseinsanalytisch gesehen, die Selbigkeit des Sinngehaltes beider Erscheinungen viel wesentlicher als deren äußerliche Gegensätzlichkeit.

Mit der freien Möglichkeit des Erich Klotz zu aktivem und passivem Verhalten, je nach der relativ zu ihm selbst männlicheren oder weiblicheren Persönlichkeit des Partners, hat er uns schließlich mitten in das bedeutsame Problem des Zusammenhanges zwischen Sadismus und Männlichkeit einerseits, zwischen Masochismus und Weiblichkeit andererseits gestellt. Bereits KRAFFT-EBING [56] nannte den Sado-Masochismus ein »Monstrum per Excessum«, weil er sich beide Komponenten dieser Perversion einfach als pathologische Steigerungen des normalen männlichen oder weiblichen Verhaltens dachte. Fast alle Untersucher bis auf den heutigen Tag schlossen sich dieser Meinung an. HIRSCHFELD differenzierte sie, seiner Inversionstheorie entsprechend, noch ein wenig, und FREUD wurde durch die gleiche Auffassung zur Aufstellung einer eigenen Unterform des Masochismus, der des femininen nämlich, verleitet [57]. Dabei sekundierten ihm die mei-

[55] Drei Abhandl. z. Sexualtheorie, Ges. Schr., Bd. V, S. 33.
[56] A. a. O., S. 146.
[57] A. a. O., Bd. V, S. 376.

sten seiner weiblichen Schüler[58]. Gerne leitete man diese Verbindung von Männlichkeit und Sadismus von alters her »evolutionistisch« ab, in dem Sinne z. B., daß es »zur Befriedigung der geschlechtlichen Bedürfnisse der einzelnen stets ein Liebeskampf, ein Opfern vieler Mitbewerber um die Gunst des geliebten Wesens notwendig war. Dadurch sei eine Assoziation zwischen Blutvergießen und sexuellem Genuß entstanden, und die Kampfeswut könne sich dann, wie z. B. MARRO hervorhebt, durch eine Übertragung von den Rivalen sich plötzlich gegen das Weib richten und nun sadistischen Charakter annehmen[59]. Dieser alten Ansicht einer bloß quantitativen Abweichung setzt erst O. SCHWARZ[60] scharf eine gegenteilige Meinung entgegen, der sich auch H. KUNZ[61] anschließt. Der männliche Sadismus wie der weibliche Masochismus seien, sagt SCHWARZ, »keineswegs geradlinige Übersteigerungen der normalen sexuellen Männlichkeit oder Weiblichkeit, sondern höchstens eine Übersteigerung ihrer Verfehlung«. Denn »man wende ... nicht ein, daß in bestimmten Perioden der menschlichen Kulturentwicklung viele Arten von Brutalisierung der Frau sanktionierte Formen der Geschlechtsbeziehung waren. In diesen Bräuchen kommt nur ein völlig außersexuelles Moment zur Geltung: nämlich die Versachlichung der Frau, die nicht mehr als Geschlechtspartner, sondern als Besitz, Hilfskraft, reines Genußsubjekt usw. betrachtet wurde. Diese kulturgeschichtlichen Reminiszenzen gewinnen für uns daher nur dadurch irgendeinen Erklärungswert, weil sie im Großen die Auswirkungen eben dieses Prinzips zeigen, das auch der populären Geschlechtspsycholo-

---

[58] R. J. LAMPL-DE-GROOT: Zur Entwicklungsgeschichte des Ödipuskomplexes der Frau, Int. Zschr. f. Psychoanalyse, Bd. 13 (1927); M. BONAPARTE: Passivité, Masochisme et Féminité, Revue Française de Psychoanalyse (1928); H. DEUTSCH: Der feminine Masochismus und seine Beziehung zur Frigidität, Int. Zschr. f. Psychoanalyse, Bd. 16 (1930).
[59] J. BLOCH: Das Sexualleben unserer Zeit. Berlin 1909, S. 623.
[60] A. a. O., S. 243.
[61] A. a. O., S. 11.

gie zugrunde liegt: nämlich die Vermengung des Sexualmännlichen mit der Art, wie der Mann in den sonstigen
Sphären des Lebens steht. In allen außersexuellen Lebens-
bereichen ist nämlich der (europäisch-amerikanische) Mann der
Wirkende, der Erobernde, auf Besitz und Erfolg Gestellte.
Nimmt nun ein Mann diese außersexuellen Haltungen in
die Geschlechtsbeziehung hinein, so verfehlt er deren Sinn
und Wesen.« Genau dasselbe gelte, meint O. SCHWARZ, auch
für die Ableitung des Masochismus aus einer angeblich ihm
vorgebildeten Struktur der Weiblichkeit[62]. Uns dünkt, daß
SCHWARZ mit dieser Formulierung einen richtigen Kern durch
die Reduktion der Liebe auf das »Sexuale« zu einer Auffassung verstümmelte, die ungemein gekünstelt anmuten muß.
Denn nun soll doch ganz allgemein das aktiv werbende,
Besitz ergreifende Verhalten auch als *das* Kriterium des typisch »Sexualmännlichen« und nicht nur des außersexuell Männlichen empfunden werden. Befreit man jedoch das Problem
aus solcher Isolierung, so ergibt sich eine andere Unterscheidung. Sie stellt sich dann, wie wir immer wieder sahen,
dar als eine Trennung in ein Weltverhältnis, in dessen Licht
alle Dinge und Mitmenschen nur als solches sich zeigen
können, was abgesondert ist, ergriffen und bewältigt werden muß, und auf der anderen Seite in ein Weltverhältnis,
in dessen unvergleichlich viel freieren und offeneren Bereich
sich alles Begegnende als das geliebt Zusammengehörige zu
erscheinen vermag. Insofern eine Existenz sich in einem Weltverhältnis der ersten Art aufhält, wird auch all sein sexual-
männliches Verhalten nicht nur seine Männlichkeit in den
»sonstigen Sphären des Lebens« auf die Überwindung der
an allen Dingen und Mitmenschen hervorstechenden Sonderung und Widerständigkeit erpicht sein. Mit dem sogenannten »rein Sexuellen« dagegen meint O. SCHWARZ wohl die
zweite Art von Weltverhältnis. Wer sich auf ein solches
ganz einzulassen vermag, dem ist ein schranken- und zweck-

---

[62] A. a. O., S. 242 f.

loses mann-weibliches Sich-Schenken und Empfangen möglich, das auch die leiblich-sensuelle Leiblichkeit mit einschließt. Soweit also hatte SCHWARZ recht, daß die Überwältigung der Frau nicht der männlichen Liebe als *Liebe* zugehört. Doch gilt dies sowohl für das Ausmaß der sadistischen Übersteigerung als auch für die Form des »normalen«, sexualmännlichen Nehmens und Eroberns der Frau[63]. Je stärker aber innere oder äußere Widerstände der vollen mann-weiblichen Liebeseinung entgegenstehen, um so mehr − unter Umständen eben bis zum sado-masochistischen Exzeß − muß sich der Geist der Liebe des gewaltsamen Eindringens und Eroberns und des − keineswegs passiven − Anlockens und des Sich-Öffnens bedienen, um letzten Endes doch noch zur ganzen mann-weiblichen Existenzgestalt der Liebe zu gelangen.

F. DREI HOMOSEXUELLE

Die Begriffe der männlichen und der weiblichen Liebe, die uns eben noch bei der Diskussion des Sado-Masochismus beschäftigten, spielen bei der Perversion der Homosexualität, der letzten Perversionsform, über die wir aus eigenen, genügend zahlreichen und eingehenden Beobachtungen Aussagen zu machen in der Lage sind, eine besonders sinnfällige Rolle. Dadurch nämlich, daß die homosexuelle Liebeseinheit sehr handgreiflich anatomisch der gewohnten Zweiteilung menschlichen Daseins in Männliches und Weibliches wider-

---

[63] Die entsprechenden Organgefühle im Penis des Knaben hat FREUD trefflich beschrieben als Antriebe, »die das Kind nicht zu deuten weiß, dunkle Impulse zu gewaltsamem Tun, zum Eindringen, Zerschlagen, irgendwo ein Loch aufreißen« (Über infantile Sexualtheorien, Ges. Schr., Bd. V, S. 177). P. FEDERN hat dann diese Beobachtungen nicht nur dazu verwertet, der psychoanalytischen Theorie entsprechend die ganze männliche Aggression kausal genetisch auf sie zurückzudeuten, sondern hat diese »Männlichkeit«, ähnlich wie es bisher die »anthropologischen« Sexualforscher taten, ebenfalls allein ins Zentrum des sado-masochistischen Problemkreises gesetzt (Beitrag zur Analyse des Sadismus und des Masochismus. Int. Zschr. f. Psychoanalyse, Bd. I [1913], S. 36).

spricht, fällt diese Teilung selbst überhaupt erst so recht als ein Problem von fundamentaler Bedeutung auf. Nun tappt aber die Psychologie gerade mit ihren Aussagen über das eigentliche Wesen der Männlichkeit und der Weiblichkeit noch weitgehend im Dunkeln. Von HATTINGBERG z. B. erklärt rund heraus, die seelische Männlichkeit und Weiblichkeit könne grundsätzlich nicht psychologisch begriffen werden, »weil das männliche und das weibliche Wesen in dem, was es positiv ist, jenseits des psychologisch Faßbaren« liege [64]. Auch FREUD sagt, die Psychologie könne diesen Begriffen über die rein anatomisch-physiologische Differenzierung hinaus keine neuen Inhalte geben und vermöge sie nicht zu erhellen. Denn bei jedem Versuch einer weiteren psychologischen Zurückführung verflüchtigten sie sich nur zu bloßer Aktivität und Passivität, und das sei wenig. Deshalb sieht sich FREUD »außerstand, die Entstehung der Inversion (Homosexualität) aus dem bisher vorliegenden Material aufzuklären« [65].

Unseres Erachtens muß männliches und weibliches Wesen allerdings unfaßbar bleiben, solange man es wie FREUD auf eine dynamisch-formale Abstraktion (Aktivitäts-Passivität) zurückführen will, oder wenn man wie v. HATTINGBERG unter psychologischem Erfassen lediglich ein Einfangen von Wesenstatbeständen in einzelne vergegenständlichte Eigenschaftsbegriffe versteht. So läßt es sich deshalb nicht begreifen, weil Männlichkeit und Weiblichkeit keine Gegenstände sind, sondern Verhaltensweisen existierender Menschen. Darum muß man den Kern des Problems verfehlen, wenn man von den unübersehbaren isolierten Fakta dieser Wesenheiten ausgeht, statt mit daseinsanalytischer Methodik dem eigentlichen Phänomen im ursprünglichen Sinne dieses Wortes nachzuspü-

---

[64] H. v. HATTINGBERG: Über die Liebe. München 1936, S. 324.
[65] S. FREUD: Neue Folge der Vorlesungen usw., S. 157; Über die Psychogenese eines Falles von weiblicher Homosexualität, Ges. Schr., Bd. V, S. 342; drei Abhandl. z. Sexualtheorie, Ges. Schr., Bd. V, S. 20.

ren. Dieses Wort Phänomen aber leitet sich vom Verbum φαίνεσθαι = sich zeigen, zum Vorschein kommen her. Darum gilt es hier, nach dem männlichen oder weiblichen Tun und Gebaren als zweier möglicher Arten des *Sich-Offenbarens* von Dasein zu fragen. Dann aber gewinnt doch schon die einfache Beschreibung der männlichen und der weiblichen Liebesbetätigungen als zweier verschiedener Praktiken, wie zerteiltes und zerstückeltes Dasein zur Ganzheit und Fülle zu gelangen sucht — als des er-greifend, be-greifend, eindringend, »er-kennenden« männlichen und des lockend sich öffnend, aufnehmend, bergend und bewahrend weiblichen Gebens und Sich-Schenkens — wesentlichen Erkenntniswert. Denn alle die unendlichen, leiblichen und geistigen Variationen des männlichen und weiblichen Verhaltens lassen sich immer wieder beschreiben als zwei Arten eben dieses einen zielstrebigen Versuches menschlichen Daseins, aus zerteiltem und begrenztem Existieren heraus die schrankenlose Ganzheit der mann-weiblichen Liebesfülle zu erreichen. So sehen wir dieses Tun schon am Werke beim »somatischen« Befruchtungsvorgang der männlichen und weiblichen Keimzellen bis »hinauf« in die geistigen Sphären, etwa in besonderer Anschaulichkeit beim philosophischen Schöpfungsprozeß eines alchemistischen Adepten mit seiner »Soror mystica« [66].

Noch begegnet uns aber die Perversion der Homosexualität mit einer andern großen Anfangsschwierigkeit: *Die Repräsentanten aller andern bisher diskutierten Perversionen nämlich ließen sich leicht und eindeutig in einer bestimmten Reihenfolge anordnen. Die ersten Glieder dieser Reihe, der Fetischist und der Koprophile, fanden sich einfach damit ab, die Offenständigkeit ihres Existierens durch die Schranken der Angst, der Scham und des Ekels derart verdeckt zu sehen, daß sich bei ihnen nur noch durch gewisse Ausschnitte der gegengeschlechtlichen Leiblichkeit hindurch eine*

---

[66] Vgl. hiezu C. G. JUNG: Psychologie und Alchemie. Zürich 1944, z. B. S. 645.

Liebesbeziehung mehr oder weniger zum Austrag bringen konnte. Bei den folgenden Fällen, der Kleptomanen, dem Exhibitionisten und Voyeuristen und schließlich beim Sado-Masochisten hatte sich die Enge, Starrheit und Widerständig-keit, in denen sich ihnen alles ihnen Begegnende zeigte, zu-nehmend ausgedehnt und verstärkt. Darum vermochten sie nicht mehr anders zu einem liebenden Miteinandersein zu gelangen, als daß sie diese Schranken auf immer gewalt-samere Art und Weise zu sprengen versuchten.

Die große Gruppe unserer homosexuell Perversen dagegen läßt sich lange nicht mehr so einheitlich an einer bestimmten Stelle dieser Skala einfügen. Schon ein erster Blick auf die Mannigfaltigkeit homosexueller Erscheinungsformen legt die-ses Krankheitsbild sogleich in eine Vielzahl von Untergrup-pen auseinander. Die Vertreter jeder dieser einzelnen Grup-pen zeichnen sich durch ganz spezifische und unterschiedliche Arten ihres gesamten Weltverhältnisses aus. Diese haben ent-sprechend unterschiedliche Verdeckungen und Reduktionen menschlicher Beziehungsmöglichkeiten und dementsprechend auch ganz unterschiedliche und spezifische Befreiungsversuche aus den jeweiligen existentiellen Einschränkungen zur Folge. Mit drei Fällen unserer Beobachtungen glauben wir jedoch, wenigstens die wichtigsten der homosexuellen Untergruppen anschaulich machen zu können.

1. Eine psychoneurotisch-homosexuelle Frau

Die Mutter der Bruna Tedeschi war eine jener italienischen Matronentypen, die vor absoluter überquellender Herzensgüte und fürsorglicher Aktivität die Kinder kaum selber atmen lassen. Sie glaubte, der Familie um so mehr Aufmerksam-keit schenken zu müssen, als der Vater den Kindern gegen-über äußerst verschlossen war und wochenlang kaum ein Wort sagte. Im Geschäft dagegen und unter seinen Freun-den konnte er sehr jovial sein.

Von klein auf fürchtete Bruna diesen Vater und haßte

ihn auch wegen seiner Kälte. Sie suchte und fand Schutz bei ihrer Mutter, an die sie sich anklammerte und ganz zu ihrem Schatten wurde. Unter ihren Schulkameraden wagte sie sich freier zu geben, spielte dort den Lausbuben. Sie bevorzugte schon sehr früh jungenhafte Kleider. Mit 14 Jahren hatte sie eine innige Liebe zu einer mütterlichen Schulkameradin gefaßt, die sie fünf Jahre lang aufrecht erhielt. Schon diese damalige Beziehung hatte sich auf leiblich-sexuelle Manipulationen ausgedehnt. Bruna Tedeschi litt aber dabei unter einer Menge von Schuld- und Minderwertigkeitsgefühlen des homosexuellen Charakters ihrer Liebe wegen und wußte irgendwie, daß es für sie nicht das Richtige sei. Angsthysterische Symptome brachten sie dann in eine Psychoanalyse. Auffällig war an ihrer Lebensbeschreibung, daß sie sich von Männern geradezu angewidert fühlte. Männern in Uniformen gar begegnete sie mit richtigem Haß, verspürte immer den Impuls, ihnen ins Gesicht zu schlagen. Die Vorstellung eines intimen geschlechtlichen Kontaktes mit einem Mann verursachte ihr Ekel, der sich bis zu Brechreiz steigerte. Auch in ihren Träumen waren zunächst nur die Frauen liebenswert, gütig und mütterlich besorgt um die Patientin. Die Träumerin selbst erschien dabei oft in der Gestalt eines Knaben von 8 bis 10 Jahren, noch häufiger einfach als Kind unbestimmten Geschlechtes. Wenn immer Männer in ihren Träumen auftraten, waren sie zerlumpt, ekelerregend, sexuell geil und schmutzig.

Zu Beginn der Psychoanalyse hatte sie in einem homosexuellen Verhältnis zu einer gütigen, älteren Frau gestanden, der gegenüber sie sich ungefähr wie ein Junge im Flegelalter gegenüber seiner Mutter benahm. Nach drei Vierteljahren der Kur brachte sie einen entscheidenden Traum mit, in dem sie, wie gewöhnlich als Junge, durch einen Tunnel ging. In der Mitte des dunklen Ganges sah sie ein Skelett auf dem Boden liegen. Als sie sich näherte, stand das Skelett langsam auf und wurde zu einem Mädchen. Die Träumerin wußte, daß sie dieses Skelettmädchen ebenfalls selbst war. Arm in Arm ging sie mit ihrer Doppelgängerin ein Stück Wegs durch den Tunnel weiter, bis schließlich die Träumerin völlig mit der Erscheinung zusammenfloß. Da stand plötzlich ein junger Mann vor ihr, nach dem sie ein sehr intensives sexuelles Verlangen spürte, ein Gefühl, das sie noch nie in ihrem Leben einem Manne gegenüber empfunden hatte. Von diesem Zeitpunkt an auferstand langsam auch im wachen Dasein der Patientin ein weibliches Verhalten. Aller Welt fiel die Veränderung auf. Man sagte ihr, sie benehme sich viel ruhiger und anschmiegsamer, sie kleide sich auch ganz anders, weiblicher. Zum maßlosen Erstaunen der Patientin selbst verlor sie mehr und mehr die Bindung an ihre bisherige mütterliche Freundin, konnte sich auch gar nicht mehr vorstellen, wie »um Gotteswillen« sie einmal sexuell erregend auf sie gewirkt haben konnte. Ohne irgendwelche äußere Beeinflussung wechselten im Verlaufe eines weiteren Jahres die erotischen Tendenzen über auf immer männlichere Frauen. Zuletzt blieben sie noch einige Monate an einer sehr virilen Künstlerin hängen, bis sich die Patientin eines Tages in einen jungen, allerdings noch etwas femininen Mann verliebte. Mit ihm war ihr zum erstenmal ein voll glückhafter, sie ganz erfüllender sexueller Liebesakt möglich. Wie ein unbeschreibliches Wunder empfand sie dieses Ereignis. »Noch vor einem Jahr«, sagte die Patientin, »hätte ich so etwas für menschenunmöglich gehalten. Ich hätte jeden ausgelacht, der mir prophezeit hätte, ich könnte auch nur eine Spur von Liebe für einen Mann empfinden, und jetzt bedeutet mir dieser Mann mehr als alle Reichtümer der Welt. Wenn morgen der Zürichsee plötzlich rot wäre, es könnte mich nicht mehr in Erstaunen versetzen.«

Wir glauben, diese Lebens- und Leidensgeschichte so interpretieren zu dürfen, daß die Existenz Bruna Tedeschis bis zu Beginn der Psychoanalyse eingeengt gewesen war auf kleinknabenhafte, gar auf kleinkindliche, geschlechtlich noch undifferenzierte Beziehungsmöglichkeiten. Die Schreckensgestalt des Vaters einerseits und die überaus aktive und massive

Liebe und allgewaltige Persönlichkeit der Mutter anderseits hatten die Entfaltung der eigenen Weiblichkeit Brunas völlig unterbunden. Ihrer verengten, rudimentären Existenzform entsprechend war auch ihr Lieben beschränkt auf eine Kind-Mutter- oder Söhnchen-Mutter-Einheit. Pervers zu nennen ist also diese Liebe vor allem deshalb, weil sie trotz der Persistenz einer bloßen gefühlsmäßigen Kind-Mutter-Einheit doch schon die leiblich-sexuellen Bereiche in ihre mitmenschliche Austragungsgestalt mit einbezog, entsprechend der leiblichen Reifung dieses Menschen, die der geistigen weit vorauseilte. Bezeichnenderweise träumte Bruna Tedeschi denn auch regelmäßig die geliebten Mutterfiguren ausgestattet nicht nur mit weiblichen, sondern mit mann-weiblichen, androgynen Attributen. Da sie selbst nämlich so wenig von männlichen oder weiblichen Verhaltensweisen in ihrer faktischen Persönlichkeit sich hatte aneignen können, vermochte nur ein derart androgyner Partner sie zur möglichen, mann-weiblichen Fülle des menschlichen Existierens zu ergänzen. Es ist dies dieselbe Erscheinung, auf die wir bereits einmal in der Diskussion unseres Falles von Fetischismus hinweisen konnten (S. 60 ff). Schon dort belegte sie überzeugend die in der Liebe erfahrbare geschlechtlich ungeschiedene Ganzheit menschlichen Daseins.

Spiegelbildlich gleich liegen die Verhältnisse nach allen unseren Erfahrungen bei dem analogen Typ homosexueller Männer. Weil auch sie nur ihre kind- oder mädchenhaften Verhaltensweisen hatten übernehmen können, ihre erwachsenen, männlichen Beziehungsmöglichkeiten aber unangeeignet geblieben waren, müssen sie als die sie zur möglichen Ganzheit des Daseins erfüllende Partner erwachsene, väterliche Männer lieben. Die bei ihnen so oft hervorgehobene intensive Mutterbindung darf darum nicht als eigentliche Ursache der Homosexualität gelten. Vielmehr sind diese und jene lediglich als zwei parallele Ausdruckserscheinungen ihrer kindlich-unentwickelten Persönlichkeit zu deuten.

Daß dem so ist, scheint uns besonders deutlich die psychoanalytische Entwicklung bei Bruna Tedeschi zu beweisen. Als sich bei ihr im Anschluß an den bezeichnenden »Auferstehungstraum« ihrer Weiblichkeit diese bisher völlig verdeckten Verhaltensmöglichkeiten auch im wachen Dasein zunehmend zu entfalten vermochten, hatte sie es bald nicht mehr nötig, mit ihrem zunächst allein angeeigneten rudimentär-knabenhaften Existieren die ihr fehlende Weiblichkeit in den mütterlichen Liebesgestalten zu suchen. Vielmehr konnten dann sowohl ihre Traumpartner als auch die Liebespartner, die ihr in ihrer wachen Verfassung begegneten — der eigenen Weiblichkeitsentwicklung durchaus schritthaltend — immer männlichere Gestalt annehmen. Vorher jedoch, solange ihre eigene Weiblichkeit gar nicht »da«, nicht von ihr eigens übernommen worden war, konnte sie auch in den die Weiblichkeit ergänzenden erwachsenen männlichen Mitmenschen keine Resonanz finden, konnte sie nicht als liebenswert bestimmen und verstehen lassen. Vielmehr konnten von ihr die erwachsenen Männer im Gegenteil nur als die sie vergewaltigenden, bedrohenden und darum Haß auslösenden Gegner erfahren werden. Das geschah gemäß der ihre Sicht in bezug auf diese Mitmenschen verstümmelnden Prägung, die sie dem lieblosen und unväterlichen Verhalten ihres leiblichen Vaters ihr gegenüber zu verdanken hatte.

Ganz anderer Natur dagegen ist die Homosexualität des Josef Wernle.

2. Ein psychotischer Homosexueller

Josef Wernle war der Sohn einer schwer »neurasthenischen« Mutter und eines autistischen, sonderlingshaften Vaters. Bis ins dritte Lebensjahr zurück erinnerte sich der Patient genau, daß ihm die Welt nie anders als unheimlich, unverständlich, wie ein Theater vorgekommen sei. Sein eigenes Leben war bloß »langweilig flau«. Gegen Ende der Mittelschule hatte er bereits große Mühe, sich zu konzentrieren. Im Anschluß an die Maturitätsprüfung trat eine zeitweilige »Verengung der Kopfhaut und des Herzmuskels« ein. Auch klagte er über eine Verflachung der Welt, und daß die Farben der Bäume und Häuser nur noch wie lebloser Lack auf ihn wirkten. Ferner ging ihm die »Perspektive« vollständig verloren, so daß Bäume und Häuser des Vordergrundes wie auf die Berge des Hintergrundes »aufgeklatscht« aussahen, flach aufeinandergedrückt, wie ein »japanischer Holzschnitt«. Bei der Vorbereitung auf ein akademisches Vorexamen wurde er für einige Tage regelrecht verwirrt. Der zugezogene Nervenarzt sprach mit Sicherheit von einem akuten schizophrenen Schub. Als er ihn aber fünf Jahre später zufällig wieder zu sehen bekam, hätte er aus dem jetzigen Zustandsbild niemals mehr eine Psychose diagnostizieren können. Alles, was noch an ihm auffiel, war eine »schizoide« Zurückhaltung und ein geringfügiges Interesse an seiner menschlichen Umgebung.

Der psychotischen Entwicklung gingen einige aufschlußreiche Liebeserlebnisse parallel. Schon in einer der obersten Mittelschulklassen hatte sich Josef Wernle sehr heftig in eine Kusine verliebt. Dieses Ereignis unterbrach zum erstenmal und mit einem Schlag sein bisher so »flaues, langweiliges« Leben. Seine Liebe gab ihm »ein himmlisches Glück«, brachte ihn »in eine wahre Glut, wie wenn zwei Feuer in einer einzigen hohen Flamme zusammenschlagen, die die ganze Welt erleuchtet.« Bereits nach einem Jahr allerdings war ihm diese Liebe nur mehr »schon noch eine Freude«, »eine Erhebung«, aber doch bloß noch »eine Fata morgana«. Mit zunehmender schizophrener Verflachung seiner Welt, mit der existentiellen Entleerung seiner Existenz wurde ihm die Liebschaft zur Kusine mehr und mehr zu einem lastenden Problem. Einesteils wollte er dieses »bißchen Freude nicht fahren lassen«, andererseits fühlte er sich zu schwach zum Lieben und erschöpfte sich bei jedem sexuellen und nicht sexuellen Kontakt mit dem Mädchen. Denn auch seine Kusine »verlor die Farbe«. Sie wurde »blaß« und »strahlte« nicht mehr. Um trotzdem »Liebe mit ihr zu fühlen«, mußte er darum sich selbst um so mehr anstrengen und sich »verausgaben«.

Schließlich wurde ihm dabei, als zersprenge es ihm Herz und Stirne. Wenn er jetzt mit ihr ging, mußte er dauernd die Zähne aufeinanderbeißen, damit er nicht platze und sich verliere.

In diesem Dilemma brachte ihm eine plötzliche Verliebtheit in einen drei Jahre jüngeren männlichen Freund die Erlösung. Bald sank darob die Liebschaft zur Kusine völlig in Vergessenheit. Das war kurz nach dem leichten akuten Schub seiner Schizophrenie vor dem Vorexamen. Noch nie hatte er je zuvor in seinem Leben eine erotische Neigung Männern gegenüber verspürt. Jetzt aber fühlte er sich »überirdisch glücklich« mit seinem Freund, mit dem sich rasch auch eine leiblich-genitale Beziehung herstellte. Er meinte, in einer solchen Liebe zu einem andern Mann bleibe man doch viel mehr bei sich. Da der Geliebte auch ein Mann sei, werde »man nicht so weit aufgerissen wie wenn man mit einer Frau gehe«. Bei der Liebe zu einer Frau müsse man ganz »fremdländische Kost« verdauen; bei einer Liebe zu einem Mann dagegen müsse man »nicht so verrückt weit ausholen, menschlich«, man gerate nicht in Gefahr, sich zu verlieren, könne sogar seine »Mannheit« am andern, der ja auch Mann sei, wieder finden und sammeln, wieder sich selbst werden, wenn man vorher leer geworden sei wie er. Tatsächlich fühlte er sich in der Liebe zu seinem Freund viel stärker werden, was sich auch nach außen als eine praktisch vollständige Remission kundgab. »Ich war durch die Liebe zur Kusine ganz ausgeleert und ausgelaufen; der Freund füllt mich wieder auf mit männlicher Kraft.« »Mit ihm zusammen bin ich wenigstens ein ganzer Mann; die Frauen sind für mich so gut wie gar nicht mehr auf der Welt.«

Diese Erfahrungen des Josef Wernle scheinen uns deshalb erwähnenswert, weil wir hier unter unseren Augen eine Existenz langsam im Verlaufe eines schizophrenen Prozesses auf immer kümmerlichere und immer weniger zahlreiche Beziehungsmöglichkeiten einschrumpfen und sich verengern sehen. Dieser Mensch, bei dem sich sogar »Herzmuskel und Kopfhaut« zusammenziehen, vermag immer weniger »auszuholen« zur Weitung und Vertiefung der Daseinsfülle einer mann-weiblichen Liebeseinheit, zu ihrem »himmlichen Glück« und ihrer »Glut« und »Erleuchtung«, die einmal die Liebe zur Kusine für ihn bedeutet hatte. Zuallererst büßte bei der Entleerung seiner Existenz die Freundin als Versammlungsort der ganz anderen, entfernten »fremdländischen« weiblichen Verhaltungsweisen die Resonanzfähigkeit für sein Lieben-können ein, wurde »blaß«, eine »Fata morgana«, bedeutete ihm dann unverdauliche »Kost« und fiel schließlich ganz aus dem Rahmen seiner Welt. Als er dann gar im Verlauf der weiteren schizophrenen Entwicklung auch »männlich leer« geworden, als viel seiner »eigenen Mannheit ausgelaufen« war, da fühlte er sich plötzlich und zum erstenmal in seinem Leben gedrängt, sich für eine gewisse Form der homosexuellen Liebe »aufzutun«. Damit gelang ihm, wie er sich so anschaulich auszudrücken wußte, wenigstens die hälftenhafte Daseinsfülle bloß männlichen Wesens wieder ganz zu erreichen. Für diese halbe Fülle mußte er sich nicht allzu viel »verausgaben«, lief er nicht mehr Gefahr, sich »verlieren« und ins Grenzenlose »auszulaufen«. Ganz im Gegenteil vermochte die homosexuelle Liebe seine Existenz wieder zum »ganzen Mann aufzufüllen«.

Trotz alledem entbehrte selbst diese mann-männliche Liebeseinheit nicht ganz eine mann-weibliche »Rollenverteilung«, wie ja wohl überhaupt keine menschliche Liebesbeziehung, auch keine »normale« asexuelle Freundschaft zwischen zwei Männern oder zwei Frauen gänzlich ohne diese Teilung bestehen kann. Darauf wies schon R. HILDEBRAND hin. Er sagte: »Greift doch die menschliche Teilung über die Geschlechter hinaus; denn bei Freundschaften pflegt der eine Teil an Geist und Seele mehr eine männliche Hälfte des Ganzen, der andere mehr eine weibliche vorzustellen ... [67]«

---

[67] R. HILDEBRAND: Gedanken über Gott, die Welt und das Ich, ein Vermächtnis. Hg. Berlit, Jena 1910, S. 378.

So verhielt sich denn auch in unserem Fall Josef Wernle immer noch eher werbend, leitend, männlich, während der Freund zärtlicher, mädchenhafter und anschmiegsamer war.

Ähnlich, wie es anfänglich bei Bruna Tedeschi der Fall war, ist die Liebe des Josef Wernle gegenüber seinem Freund pervers zu nennen, weil sie sich auch in coitus-ähnlichen Handlungen leiblichte, obschon nicht einmal mehr sie, die Liebe, diese Existenz so zu weiten und zu vertiefen vermochte, daß sie auch noch dem Austrag gegengeschlechtlicher Verhaltensmöglichkeiten hätte Raum bieten können. Nur verdankte die Existenzverfassung der Bruna Tedeschi ihre pathologische Enge einer psychoneurotischen Nichtentfaltung ihres Wesens, die des Josef Wernle dagegen einem nachträglichen psychotisch-schizophrenen Selbstzerfall.

Diese Beobachtung wirft nun auch ein neues Licht auf die wichtige Aussage Freuds, daß homosexuelle Tendenzen regelmäßig bei allen Paranoikern anzutreffen seien. Er glaubte sogar, in dieser Homosexualität das ursächliche Moment für die Entwicklung der Verfolgungsideen gefunden zu haben. Wir dagegen müssen uns jetzt damit bescheiden, in beiden Phänomenen, in dieser Art von Homosexualität und in den Wahnideen nur mehr zwei Parallel-Erscheinungen derselben schizophrenen Schrumpfung und Zerstörung einer menschlichen Existenz zu sehen.

Eine ganz analoge existentielle Persönlichkeitsenge, wie sie als Folge eines psychoneurotisch bedingten Reifungsstillstandes unsere Bruna Tedeschi zu einer homosexuellen Liebesform zwang, und wie sie anderseits im Verlaufe eines schizophrenen Prozesses bei unserem Josef Wernle zustande gekommen war und ihn zur »Pervertierung« seiner Liebe veranlaßt hatte, sieht man noch viel häufiger als menschliche Kümmerform aus einer genuinen, psychopathischen Anlage resultieren und dann zu einer sogenannten konstitutionellen Homosexualität führen. Es kann deshalb nicht erstaunen, daß Kretschmer die Homosexualität so besonders oft bei seinen »schizoiden« Charaktertypen fand.

Daß es aber daneben auch noch ganz andersgeartete »konstitutionelle« Homosexualitäten gibt, soll uns Claudine Anderson nahebringen.

3. Eine »konstitutionell« Homosexuelle

Mit Claudine war endlich in der ungewöhnlich harmonischen Familie Anderson nach drei Knaben ein Mädchen eingetroffen. Die Freude aller war groß, besonders stolz aber war der Vater, ein sehr selbstbewußter, außerordentlich tüchtiger Industrieller und ein kleiner König in seiner Stadt. Claudine war das erste Kind, das nach »seiner Seite schlug« mit ihren großen, schwarzen Augen und ihrem dunklen Haar. Die drei Brüder hatten alle die weiche Art, auch die helle Haut und die blonden Haare der Mutter. Mit ihrem heftigen Temperament unterschied sie sich ebenfalls stark von den ruhigen Geschwistern. Man sagte bald, sie sei mehr Bub als alle drei Brüder zusammen. Betrüblich war für den Vater nur, daß Claudine von ganz klein auf eindeutig die Mutter vorzog, während sie den Vater als eine nicht sehr interessante Selbstverständlichkeit behandelte. Der Mutter gegenüber zeigte sie schon von 3 Jahren an eine große Zärtlichkeit. Mit ihren Brüdern verstand sie sich ausgezeichnet. Sie war immer mit ihnen und wollte sich nichts von ihren wilden Knabenspielen und ihren Sportanlässen entgehen lassen. Nichts konnte sie so wütend machen, als wenn man sie verwies: dies und jenes schicke sich nicht für ein kleines Mädchen. Mit 5 Jahren war sie einmal plötzlich mit der fixen Idee herausgerückt, sie sei die ersten vier Lebensjahre bestimmt ein Knabe gewesen und werde es nach weiteren vier Jahren ebenso bestimmt wieder werden. Trotz allen Spottes blieb sie hartnäckig bei ihrer Überzeugung. Schon in den ersten Schuljahren entwickelte sie sich zu einem vortrefflichen Kavalier ihrer Mutter, anerbot sich in jenem frühen Alter ganz spontan, ihr bei den Einkäufen die Pakete zu tragen, sie beim Treppensteigen zu führen,

versuchte ihr auch in drolliger Weise im Dunkeln Mut zu-
zusprechen, genauso, wie sie es ihrem Vater abgeguckt hatte. Auf die Versuche der Mutter dagegen, sie zu hauswirt-
schaftlichen Verrichtungen oder zu Handarbeiten heranzuzie-
hen, ging sie in keiner Weise ein, sagte, daß sei ihr viel
zu blöd und langweilig. Wie von selbst hatte es sich ergeben, daß bald alle ihren Namen in seine männliche Variante
umgewandelt hatten und sie nur noch Claude riefen. So
aber lautete auch der Vorname ihres Vaters. Darauf war
sie mächtig stolz, und als Claude wurde sie auch frühzeitig
der vielumschwärmte Anführer in ihrer Mädchenschule. Je
mehr sie heranwuchs, um so auffallender begann sie in ihrer ganzen Gestalt, in ihren Gesichtszügen und Händefor-
men, in ihrer Mimik und ihren Körperbewegungen dem
Vater zu gleichen. Dem Vater gefiel das Ebenbild, dieses
zielbewußte, burschikose, unternehmungslustige, überall beliebe-
te und verwöhnte Mädchen ausnehmend, bis sie an ihrem
vierzehnten Geburtstage in einer sinnlich-sexuellen Liebesum-
armung mit einem jungen Zimmermädchen der Eltern an-
getroffen wurde. Die Eltern waren wie aus allen Himmeln
gefallen, als sich herausstellte, daß diese Liebesgeschichte
schon fast ein Jahr lang hinter ihrem Rücken gedauert
und daß die ganze Zeit über Tochter und Zimmermädchen
einen üppigen Liebesroman miteinander gespielt und erlebt
hatten. Das Zimmermädchen wurde sofort entlassen, und
weil Claudine nach ein paar tränenreichen Wochen bald
wieder der alte fröhliche Mensch war wie vorher, trösteten
sich die Eltern und taten das Ereignis als eine unverant-
wortliche Jugendschwärmerei ab. Erst als Claudine hätte
Tanzstunden nehmen sollen und so gar keine Freude an
den jungen Männern bekundete, wurden sie wieder besorgt.
Noch ließ man der Sache aber den Lauf, bis kurz nach
Claudines siebzehntem Geburtstag die Lateinlehrerin nach
Hause kam und sich bei den Eltern darüber beklagte, weil
ihre Tochter sie in recht peinlicher und aufdringlicher Weise
anschwärme, sie mit Geschenken überschütte, ihr Liebesge-

dichte schicke und ihr manchmal auf der Straße den Rocksaum küsse. Auf diese neue Warnung hin brachten die Eltern ihre Tochter zuerst zu einem Frauenarzt. Man konnte aber keinerlei pathologischen Genitalbefund erheben außer einer auffallenden Gleichartigkeit eines »uterus bicornutus« bei Mutter und Tochter. Die Patientin wurde deshalb an einen Nervenarzt überwiesen, der die Diagnose auf Homosexualität stellte. Da er diese Abwegigkeit als neurotisch bedingt ansah, riet er zu einer Psychoanalyse. In zweijähriger psychoanalytischer Kur ließ sich aber nur ein ausgesprochen invertierter Ödipuskomplex aufdecken, ohne daß dahinter je in Träumen oder Einfällen erotische Tendenzen dem Vater oder andern Männern gegenüber zum Vorschein gekommen wären. Als besonderes Merkmal bezeichnete der Analytiker ferner eine starke »Vateridentifikation«, die sich während der ganzen Kur unverändert durchhielt. So brachte die Analyse zwar eine ansehnliche allgemeine Persönlichkeitsreifung und Befreiung zustande, an der homosexuellen Liebesrichtung aber vermochte sie nicht das geringste zu ändern. Schließlich mußte auch der Psychoanalytiker diese Homosexualität als angeboren und konstitutionell anerkennen, um so mehr, als sich nachträglich noch herausstellte, daß in naher Verwandtschaft auf väterlicher Seite bereits zwei Fälle von Homosexualität vorgekommen waren.

In intellektueller Beziehung entwickelte sich die Tochter hervorragend und entschloß sich aus eigener Initiative zum Studium der Architektur. Ihre freudige Erwartung auf das freie Studentenleben wurde nur etwas durch den bevorstehenden Abschied von der Mutter getrübt. Denn an ihr hing Claudine mit ganzem Herzen und war ihr gegenüber zum eigentlichen Stellvertreter des Vaters aufgerückt. Während dessen zahlreichen beruflichen Abwesenheiten hatte sie sich daran gewöhnt, der Mutter alle Aufgaben dem äußeren Leben gegenüber abzunehmen. Sie verhandelte z. B. ganz selbständig mit dem Pächter des Landwirtschaftsbetriebes, wie sie ihrer Mutter auch alle Geldangelegenheiten besorgte.

Gewiß, sagte sie später, hätte sie zunächst auch ihren Vater vermißt, als sie nach ihrer Universitätsstadt übergesiedelt war. Aber ihre Liebe zum Vater sei von jeher völlig anderer Art gewesen als die zur Mutter. Den Vater habe sie zwar immer als einen guten Kameraden empfunden, mit dem sie sich ausgezeichnet aufs Reiten und Jagen verstehe, auch auf die Geschäfte und den Fabrikbetrieb. Sie fühle sich jedoch dem Vater so ähnlich in ihrer ganzen Art, daß sie ihn eigentlich immer mit sich trage und ihn darum nicht so vermissen könne. Claudines Kummer über den Abschied von zu Hause ging indessen bald in einem recht wilden Studentenleben unter. Sie verstand sich als einzige Frau mit ihren männlichen Kommilitonen so gut, daß man sie sogar als erste Ausnahme in einen recht exklusiven Studentenklub aufnahm. Wie es nicht ausbleiben konnte, verliebten sich bald ein paar Kollegen in die glänzende Erscheinung Claudines und begannen ihr den Hof zu machen. Sie fand das lächerlich und gab sich alle Mühe, die Jünglinge vom »Unsinn« ihrer Bemühungen zu überzeugen. Dagegen dauerte es nicht lange, bis sie sich selbst in ein bildhübsches Mädchen verliebte, das sie auf einem Studentenball kennengelernt hatte. Vom ersten Augenblick an ließ es ihr keine Ruhe mehr. Sie lud das Mädchen zu sich ein, begleitete es nach Hause, beschenkte es überreichlich mit Blumen und Kleidern. Stundenlang konnte Claudine vor dem Hause der Freundin ausharren, nur um in ihrer Nähe zu sein. Die Freundin ihrerseits fühlte sich geschmeichelt durch die Aufmerksamkeiten der allseits bewunderten, gescheiten und schönen Claudine. Auch ließ sich diese Freundin, ein überaus zartes, weiches, weibliches Wesen, gerne die starke Führung und Beschützung Claudines gefallen. Sie, die von jeher das Leben der äußeren Welt spielend leicht zu meistern verstand, wußte die Freundin von ihren Eltern wegzubringen, verschaffte ihr eine prachtvolle Wohnung, fand für sie eine gute Arbeitsstelle, bemühte sich auch sehr um ihre geistige Entwicklung, gab ihr Bücher, besprach sie mit ihr und führte sie in die

Welt des Theaters und der Konzerte ein. Langsam ging die Bewunderung der Freundin in zärtliche Liebe zu Claudine über, und schließlich widerstand sie auch nicht mehr deren sinnlich-sexuellen Werbungen.

Von dieser Zeit an fühlte sich Claudine restlos glücklich in ihrer Liebe. Die untrüglichsten und aufschlußreichsten Zeugen dieses Glückes sind die Liebesbriefe aus jener Zeit. »Erst seit ich Dich habe«, schreibt z. B. Claudine an ihre Freundin unter dem Datum des 12. März, »weiß ich, wie schön die Welt ist.« »Wo Du bist, da ist mein Herz ruhig, und da ist die Welt voller Schönheit und Güte. Mit unserer Liebe bin ich noch einmal in die Welt gekommen und in einem viel tieferen Sinne.« Vom 1. Mai lautet ein anderer Brief: »Wonnemonat heißt die Zeit, die jetzt anbricht. Zum erstenmal in meinem Leben weiß ich wirklich, was Wonne ist, und mit mir wissen es jetzt alle Sträucher und Bäume, die ihre Knospen schwellen lassen und mir von Deiner Lieblichkeit Kunde geben. Nichts anderes will die Pracht der Natur als Hinweis sein auf Dich, auf die Schönheit Deines zarten Leibes und Deiner lieblichen Seele. Und Deine Schönheit wieder ist mir zugleich Sprache der Liebe Gottes, die alle menschliche Liebe, Dich und mich und alle trägt auf ihrem Grunde.« Am 15. Mai schreibt Claudine: »Die Stunden unserer Umarmung sind Augenblicke, aber Augenblicke, die Kinder der Ewigkeit sind. Und welch ein Triumph der Liebe über den Krämergeist dieser Welt: je mehr ich mich Dir hingebe in Glück und Lust, um so reicher gehe ich von Dir.«

Dieses strahlende Glück wird erstmals in einem Brief vom 7. Juli von einer Sorge überschattet, nachdem Claudine zahlreiche, aber nicht sonderlich erfolgreiche Versuche unternommen hatte, die ihr fehlenden männlichen Genitalien beim Geschlechtakt mit ihrer Freundin durch Prothesen zu ersetzen. Claudine schreibt da: »Mehr und immer noch mehr möchte ich mich Dir schenken, Liebste! Könnte ich doch ganz Mann Dir sein. Oh! Fluch über meine weibliche Scham, diese Mißgeburt der Natur, die meinen Körper nicht sagen läßt, was meine Seele nimmer müde wird, Dir zu bezeugen: Ich liebe Dich!« Schon im folgenden Brief vom 21. Juli nimmt Claudine diese Klage wieder auf: »Oh, Liebste, es gibt Stunden und Tage, da ich zittere und mich ängstige: wird Deine Liebe nie müde werden, die körperliche Kluft, die unser Einssein trennt, immer aufs neue zu überwinden? Wohl sagst Du, Du Gute, was diese Äußerlichkeiten denn schon bedeuten können, da unsere Seelen sich doch ganz gehören und Du erst ganz Frau geworden seiest durch mich. Wann aber wird Dein weiblicher Körper nach einem männlichen Körper rufen?«

Wie sehr diese Angst berechtigt war, zeigte sich im folgenden Wintersemester, als der älteste Bruder Claudines eine Stelle in ihrer Universitätsstadt antrat und sich rasch zwischen die beiden Freundinnen drängte. Claudines Instinkt ahnte sogleich das Verhängnis. In ihrer Verzweiflung dachte sie einen Augenblick an Brudermord. Bald fand sie aber die Kraft, ihrer Freundin sogar die Verbindung mit ihrem Bruder anzuraten: »Läßt sich doch«, schreibt sie ihr kurz vor Weihnachten, »in dieser irdischen Welt der Körper nicht überspringen. Und Dein Leib will doch auch leibliche Kinder haben. Mein Bruder kann Dir da versprechen, was mir armer Mißgeburt nicht zu geben vergönnt ist.« Am Schlusse des Briefes aber lockt sie noch einmal: »Wohl sehe ich einen Weg, einen wunderbaren Weg, unsere Liebe zu bewahren. Komm, Liebste, laß uns die leiblichen Hüllen von uns werfen, befreie Dich mit mir zusammen aus unserem körperlichen Ungenügen. Komm mit mir in den Tod. Er wird uns erlösen und wird uns einlassen in die Ewigkeit, die ganz uns vereinen wird in göttlicher Liebe und keine körperliche Trennung mehr zuläßt.« Zwei Tage und zwei Nächte schwankt die Freundin ernsthaft zwischen dem Liebes-Doppelselbstmord mit Claudine und der Zuneigung zum Bruder. Dann entscheidet sie sich für diesen. Am Weihnachtstage erschießt sich Claudine allein. In ihrem Abschieds-

brief an die Freundin finden sich die letzten Worte: »Liebste, laß gut sein! Der Tod wird mir den Weg weisen,
Dich in der Ewigkeit zu finden. Um ein kurzes Menschen-
leben gehe ich Dir voraus. Auf Wiedersehen!«

Niemand wird dieser Liebe Claudine Andersons Tiefe,
Größe und Echtheit absprechen wollen. Sie liebte ihre Freundin, wie nur ein Mann eine Frau lieben kann. Energisch
und zielbewußt hatte sie um die Geliebte geworben, hatte
sie schließlich erobert und dann aufs beste für sie gesorgt.
Sie liebte sie mit dem ganzen Reichtum ihres Wesens. Bäume und Sträucher und alle Menschen wurden ihr in dieser
Liebe auf die Geliebte hin transparent, und die Geliebte
ihrerseits sah sie in alle Dinge der Welt hinein »transsub-
stanziiert«. Die Welt eröffnete sich ihr in einer unerhörten
Weite und Fülle, so daß sie sich noch einmal »und in tiefe-
rem Sinne als bei ihrer leiblichen Geburt« geboren fühlte.
Der Überschwang ihrer Liebe fand auch die Worte, die alle
große Liebe findet, die Worte vom Liebesaugenblick als Kinder der Ewigkeit, vom Glück der Hingabe und dem Geschenk immer reicheren Lebens. Selbst der Tod bedeutete
dieser Liebe nicht Ende und Nichtigung, wie er es für das
bloß eigenständige, isolierte Existieren ist. Auch er noch wurde überwunden in Claudines Liebe und verwandelt in ein
Tor, in einen Eingang, in einen Wegweiser zu ewiger Ver-
bundenheit.

»Homosexuell-pervers« war diese Liebe Claudines deshalb,
weil bei ihr die physische Differenzierung zu einem weiblichen Geschlechtsorgan einer vollen Einung ihrer geistig durch
und durch männlichen Individualität mit einer Frau zur
mann-weiblichen Fülle des Daseins bis »hinunter« in den al-
lerleiblichsten Bereich widersprach und ihr gerade dort un-
überwindliche Schranken setzte. Das »Geschlecht« eines Menschen aber bestimmt man gemeinhin nur nach der Struktur
seiner leiblichen Sphäre. Fast ebenso pervers wie Claudine
müßte man jedoch auch einen Mann nennen, dem z. B. durch
Unfall sein männliches Genitale verstümmelt wurde. Derma-

ßen an der Peripherie der Persönlichkeit möchte einen auch das rein leibliche Hindernis, die »Mißgeburt« der weiblichen Scham Claudines dünken, das ihr die restlose Liebeskommunion mit der Geliebten verwehrte. So weit ab dieser leibliche »Fehler« vom Persönlichkeitszentrum Claudines lag, war er doch gerade seiner körperlichen Natur wegen auch wieder so starr und unkorrigierbar in dieser Welt, daß er durch keine noch so kunstvollen Prothesen zu überwinden, sondern nur durch die endgültige Vernichtung und Opferung der ganzen leiblichen Existenz im Selbstmord zu bezwingen war.

Aber weder bei den Durchbruchsversuchen durch die hindernde Körperschranke mit Hilfe der Phallusprothesen noch bei der radikalsten und gewaltsamsten »Deformierung« der begrenzten Leiblichkeit im Selbstmord waren es die kompromißlosen »destruktiven Impulse«, die als die zentralen Quellen der pervers-sexuellen Erregung angesprochen werden dürften. Ganz eindeutig vielmehr erlebte Claudine diese Vernichtung des Leibes als Überwindung der anders nicht zu beseitigenden Schranke im Bereich der eigenen Leiblichkeit. Die geschlechtliche Erregung dagegen gehörte bei Claudine unzweifelhaft und restlos zu ihrer Liebeswirklichkeit, war in der Liebesneigung ihres ganzen Daseins mit dem Wesen ihrer Freundin aufgehoben, wie es nicht anders in der reifen Liebe eines »normalen« heterosexuellen Paares sein kann.

Wir haben ferner auch nicht den geringsten Anlaß, die Zärtlichkeit Claudines zu einem überkompensatorischen Reaktionsphänomen destruktiven Impulsen gegenüber zu erklären, wie das H. KUNZ dem zärtlichen Verhalten aller Perverser grundsätzlich nachsagt[68]. Denn Claudine liebte zwar ihre Freundin auch mit großer Zärtlichkeit, doch hätten wir sie, im Vergleich mit einem gesunden, heterosexuellen Liebhaber nie als übertrieben noch anderswie gestört bezeichnen dürfen. Unzweifelhaft gibt es viele Perverse mit übertriebenen

---

[68] A. a. O., S. 43.

Zärtlichkeitsbezeugungen, vor allem Homosexuelle, auch etwa Fetischisten, ja Menschen, die an einer eigentlichen Zärtlichkeits- oder Streichelperversion leiden, weil sich ihre gesamte sinnlich-erotische Kommunikation mit dem Liebespartner in einem zärtlichen Streicheln erschöpft. Aber dann sind dies, wie wir schon von den »Süchtigen« sagten, stets mehr oder weniger »impotente Perverse«, die auch auf ihre perverse Weise nicht zu einer genügenden sinnlich-sexuellen Einung gelangen. Darum muß infolgedessen ihre sinnliche Liebe gleichsam die allein noch gangbaren Ausdrucksbahnen der Zärtlichkeit überlasten. Genau so kennt man zahlreiche nicht perverse Impotente, die in ihren unmittelbaren genital-sexuellen Kommunikationsmöglichkeiten so »gehemmt« sind, daß sich ihr gesamtes Liebesbedürfnis ebenfalls ausschließlich in den Bahnen der Zärtlichkeit ausgeben muß und sie deshalb überschwemmt. Diese Feststellung beeinträchtigt in keiner Weise den sehr berechtigten und überaus bedeutsamen Einwand von H. KUNZ gegen die psychoanalytische Reduzierung der Zärtlichkeit auf gehemmte Sexualität. Auch wir meinen durchaus, daß Zärtlichkeit und genital-sexuelle Erregung zwei verschiedene, nicht voneinander ableitbare Phänomene sind. Indessen sind beide, was dann wieder H. KUNZ wegen seiner absichtlichen Abblendung des »Liebens« oder der »liebenden Gesamthaltung« zu entgehen scheint, gleich ursprüngliche Erscheinungsformen der *einen* Liebe [69].

Besonders kraß widerstrebt aber Claudines ganzes Liebeserleben einer Einordnung in »anthropologische Strukturformeln«, wie sie für die Perversion der Homosexualität vor allem O. SCHWARZ aufstellte. Ein einziger »Fall« wie derjenige Claudine Andersons scheint uns zu genügen, diese »Strukturformeln« als generelle Wesensgesetze der Homosexualität völlig zu entwerten. Spottet doch geradezu die Fülle

---

[69] In bezug auf die Übereinstimmung und gleichzeitige entscheidende Differenzierung zwischen unserer Auffassung der *einen* Liebe und der der psycho-analytischen Theorie vgl. auch L. BINSWANGER, a. a. O., S. 261.

und der Reichtum von Claudines Liebeswirklichkeit ebenso sehr der Einteilung dieses Autors in eine »männliche (geistigerotische) und eine weibliche (materialhaft-sexuelle) Homosexualität als einem Erstarrtsein im dauernden Auseinanderklaffen des Ich und Du dort, in einem Verharren im dumpfen Zusammen hier«. Ebensowenig verträgt sie sich mit seinen weiteren Behauptungen, die homosexuelle Liebeswirklichkeit sei der Wahnwelt der Schizophrenen an die Seite zu stellen [70] und der Homosexuelle begehre niemals den Leib des Partners, sondern nur dessen Männlichkeit oder Weiblichkeit als Sinnhaftigkeit oder Stoffhaftigkeit [71]. Dies alles mag seine Richtigkeit haben für die stark »schizoide« Persönlichkeit des Patienten, an dem O. SCHWARZ diese »anthropologischen« Strukturen studierte, nicht aber kann es nach unseren Erfahrungen mit Claudine Anderson wesensbestimmend für die Homosexualität als Perversion sein. Auch MAGNUS HIRSCHFELD, der über eine besonders große Erfahrung mit Homosexuellen verfügt, kam zu einem entgegengesetzten Schluß. Er nämlich stellte fest, daß es gerade die körperliche Erscheinung des andern sei, die den homosexuell »Liebenden anziehe, feßle, körperlich errege und schließlich dazu treibe, sich am andern körperlich zu entspannen« [72]. Wenig später fügte HIRSCHFELD noch bei: »Nur wo das Körperliche Ausdruck des Seelischen ist, kann von echter Homosexualität die Rede sein.« [73] Noch verblüffender ist angesichts unseres Falles die alle seine Untersuchungen zusammenfassende »anthropologische Strukturformel«, mit der O. SCHWARZ seine Monographie »Über Homosexualität« (Leipzig 1931) beschließt. Sie lautet: »Versucht man nun eine Sinngebung der Homosexualität voraussetzungslos rein aus dem Phänomen selbst heraus, so muß man geradewegs sagen, daß der

---

[70] O. SCHWARZ: Zur Psychologie des Welterlebens und der Fremdheit, Ztschr. f. d. ges. Neur. u. Psychiatrie, Bd. 139 (1932), S. 130.
[71] O. SCHWARZ: Sexualpathologie, S. 257.
[72] A. a. O., S. 182.
[73] A. a. O., S. 187.

Sinngehalt einer homosexuellen Existenz ihre Sinnlosigkeit ist. Unter Sinn verstehen wir ja das Wesen, die Essenz, den Seinsgrund einer Existenz, jenes Eigentliche, das sich eben in der Existenz zeigt, bewährt, vollendet; und bedenkt man weiter, daß sich diese Bewährung und Vollendung nur an etwas, in oder für etwas vollziehen kann, daß es Sinn also immer nur in und für eine umgebende Welt geben kann, so ist die Sinnlosigkeit einer Existenzform, deren Wesentliches Isolierung ist, erwiesen ... das Ich kennt kein Du, und das Erleben findet keine Befreiung in der Objektivation« (S. 121). Die Trieb und Geist umschließende Sinnfülle und die weltbildende, ja wörtlich »weltgebärende« Kraft von Claudine Andersons homosexueller Liebe stellt in ihrer hohen Zeit jedenfalls genau das Gegenteil dar von »Sinnlosigkeit« und »Isolierung«, von einem Fehlen des Du und eines befreienden Erlebens.

Dieser unseres Erachtens verfehlten »anthropologischen« Deutung stehen nun die zahlreichen biologistischen Erklärungen der Homosexualität diametral gegenüber, die sie aus organ-funktionellen oder anatomischen Abwegigkeiten ableiten wollen. Sie alle übersehen jedoch, daß sämtliche erbbiologischen, anatomischen und endokrinologischen Stigmata an und für sich, auch wenn sie einmal lange nicht mehr so sehr in der Luft hängen werden, wie sie es noch heute

---

74 Vgl. hiezu die Ausführungen des bedeutenden Erbbiologen R. GOLDSCHMIDT: »Die sexuellen Zwischenstufen«, S. 432, in denen er sehr deutlich darauf aufmerksam macht, daß sich der Biologie über Fragen der sog. angeborenen Homosexualität nur mit allergrößter Vorsicht aussprechen könne. Er selbst, sagt er, müsse zugeben, daß er in einer ersten Publikation, 1916, an der nötigen Kritik habe fehlen lassen, als er sich berechtigt glaubte, die Homosexualität als eine beginnende Intersexualitätsform zu bezeichnen. Jetzt könne er diesen Gesichtspunkt nicht mehr aufrechterhalten. Mit diesem Vorbehalt sind selbstverständlich auch alle die auf diesem unbewiesenen biologischen Begriff der Intersexualität fußenden und ihn verschiedentlich abwandelnden Theorien von HAVELOCK ELLIS, MARANON und HIRSCHFELD zu beurteilen. Zur Kritik dieser Theorien siehe auch R. DALBIEZ, a. a. O., T. II, S. 302.

tun[74], lediglich aussagen, wie die Homosexualität sich unter anderem auch anatomisch und leiblich-funktionell zeigen kann, nichts jedoch darüber, was sie ihrem Wesen nach ist. Denn der ganze mögliche Reichtum der homosexuellen Perversion läßt sich so wenig auf Chromosomen oder auf Hormone zurückführen oder gar aus ihnen erklären wie der der hetero-sexuellen Liebe. Stets sind solche leiblichen Merkmale nur Teilaspekte des umfassenden Phänomens und zudem recht fakultative, da es genug Menschen gibt, die homosexuell lieben und nicht die geringsten Abweichungen vom Durchschnitt ihres leiblichen Geschlechts aufweisen.

Eine wesentliche Bereicherung brachte den biologischen Homosexualitätstheorien FREUDS Begriff der allgemein menschlichen Bisexualität, den er der psychoanalytischen Erklärung dieser Perversion zugrunde legte. FREUD selbst gibt freilich zu und betonte es sogar, daß mit der Bisexualität noch immer nicht viel vom Wesen der Homosexualität erfaßt sei[75]. Immerhin hat er dadurch bereits deutlicher als die andern naturwissenschaftlichen Theorien den unseres Erachtens ausschlaggebenden Wesenstatbestand zum mindesten anvisiert, wenn er ihn auch, seiner gewaltsamen Libidotheorie entsprechend, auf die Leiblichkeit und Triebhaftigkeit reduzierte. Es gilt darum lediglich, FREUDS Begriff der Bisexualität wieder in die damit eigentlich gemeinte unverkürzte existentielle Strukturganzheit zurück zu übersetzen, in die volle Wirklichkeit nämlich des alle leiblichen und geistigen, männlichen und weiblichen Möglichkeiten umspannenden liebenden Miteinanderseins zweier gegengeschlechtlicher Partner. Dann allerdings bekommt man den allgemeinen Ermöglichungsgrund aller faktischen, konkreten Liebesformen und damit auch den der homosexuellen Liebe zentral ins Blickfeld. Von dieser androgynen Fülle an mitmenschlichen Verhaltensweisen, so wäre dann weiter anstelle von FREUDS bloßer Trieb-Bisexualität auszuführen, werden nun von jeder menschlichen Einzel-

---

[75] Drei Abhandl. z. Sexualtheorie, Ges. Schr., Bd. V, S. 18 u. 20.

Existenz normgemäß ganz vorwiegend entweder die männlichen oder die weiblichen mitmenschlichen Beziehungsmöglichkeiten übernommen, angeeignet und ausgetragen. Solches geschieht dabei in annähernd gleichsinniger Richtung sowohl in deren leiblichen wie in deren gefühlsmäßigen und denkend reflektierenden Erscheinungsformen. Indessen gibt es keinen Menschen, der nicht wenigstens gewisse Spuren gegengeschlechtlicher Existenzmöglichkeiten sein eigen nennen würde [76].

Nicht selten entfalten sich indessen die leiblichen und die triebhaft-geistigen Bereiche einer Existenz der Norm widersprechend völlig ungleichsinnig mann-weiblich. Dann muß es ganz unabhängig von aller lebensgeschichtlichen Erfahrung zu homosexuellen Liebesphänomenen kommen. Noch häufiger freilich fällt die mann-weibliche Differenzierung — weniger leiblich zwar als auf dem Gebiet triebhaft-geistiger Verhaltensweisen — nur nicht eindeutig genug aus. In allen diesen Fällen können begreiflicherweise schon aktuell-exogene Faktoren im Sinne einer homosexuellen Liebesform ausschlaggebend wirken. Deshalb pflegt die Häufigkeit der manifesten Homosexualität auch tatsächlich je nach den äußeren Verhältnissen ganz beträchtlich zu schwanken. Diesen Sachverhalt hat z. B. H. BLÜHER innerhalb der deutschen Wandervogelbewegung besonders überzeugend nachgewiesen [77].

Aber auch die eigenen »inneren« Ödipus- und Kastrationskomplexe, mit denen die psychoanalytische Theorie des

---

[76] Einen ersten Ansatz zu einer Erweiterung der FREUDschen Bisexualität kann man bereits in einigen Ausführungen von M. HIRSCHFELDS »Zwischenstufentheorie« (a. a. O., S. 353 ff.) sehen. Jedoch ist diese noch so sehr der absolut somatozentrischen Betrachtungsweise verhaftet und von organologischen Spekulationen durchsetzt — erklärt er doch z. B. apodiktisch, die letzten Ursachen sexueller Entgleisungen seien in den Geschlechtsdrüsen zu suchen — daß auch die positiven Ansätze seiner Lehre völlig mißverstanden werden mußten. Dafür zeugt besonders J. BLOCHS Kritik (a. a. O., S. 588).

[77] H. BLÜHER: Die Deutsche Wandervogelbewegung als erotisches Phänomen. Berlin 1912, und: Studien über den perversen Charakter, Zentralbl. f. Psychoanalyse. Bd. 4 (1913/14), S. 11.

weiteren den Aufbau der homosexuellen Perversion psychogenetisch erklärt, vermögen, wenn sie als Angstschranken die
volle mann-weibliche Liebeseinung verhindern, nur bei solchen konstitutionell zu wenig eindeutigen Mischformen mann-
weiblicher Differenzierung gerade *diese* Perversion und nicht
eine andere oder gar ein von den Perversionen völlig ver-
schiedenes psychoneurotisches Symptom zu motivieren. Sonst
wäre es gewiß ausgeschlossen, daß es noch keinen einzigen
psychoneurotisch homosexuellen Menschen gibt, den wir selbst
behandelten oder der, von andern Psychoanalytikern behandelt, unserer direkten Kontrolle zugänglich war, oder
den wir samt einer genügend präzisen Katamnese aus der
psychoanalytischen Literatur hätten kennenlernen können, der
nicht nach der »Heilung« immer noch in einem die Norm
übersteigenden Maße homosexuellem Liebeserleben offen geblieben wäre. Dies traf selbst in allen jenen Fällen zu, bei
denen tatsächlich nach der Therapie die neugewonnenen heterosexuellen Liebesbeziehungen eine überragende Bedeutung
im Leben dieser ehemals Kranken gewonnen hatten. Von dieser Regel bildete auch unsere psychoneurotisch-homosexuelle
Bruna Tedeschi (Fall 1) keine Ausnahme. So treu und glücklich sie schließlich ihrer heterosexuellen Liebe zu dem jungen Freund ergeben blieb und im Wachen kaum je homosexuelle Tendenzen mehr verspürte, so verging doch kein
Monat, ohne daß sie nicht wenigstens in ihren Träumen
ein- oder zweimal noch recht intensive homosexuelle Begeg-
nungen hatte.

Als einen weiteren für die Homosexualität kausalgenetisch
wichtigen und häufigen Faktor nennt die psychoanalytische
Theorie die durch Inzestverbote und Kastrationskomplexe erzwungene Identifizierung mit dem gegengeschlechtlichen El-
ternteil. Bei Claudine Anderson manifestierte sich eine solche
»Identifizierung« tatsächlich schon in der äußeren Erscheinung in höchst auffallendem Grade und konnte auch sowohl triebhaft wie geistig von ihrem Analytiker noch weitgehend amplifiziert werden. Psychogenetisch aber kann sie

hier nichts bedeuten. Denn sie darf bei ihrer Unanalysierbarkeit nicht im Sinne einer psychoneurotischen, exogenen Wesensvergewaltigung durch den Vater oder durch ein komplexbedingtes Nicht-annehmen-Wollen der weiblichen Rolle gedeutet werden. Sie gründet vielmehr darin, daß die Existenz Claudines eben leiblich, triebhaft und geistig sehr weitgehend durch die gleichen »konstitutionellen« Grenzen, durch die nämlichen »Erbanlagen« in ihrer Erscheinungsgestalt geprägt wurde, wie es beim Vater der Fall war — ausgenommen die primären und sekundären Geschlechtsorgane. Diese verdankte sie bis in das Detail des Uterus bicornutus den mütterlichen Erbfaktoren.

Nun ist ohne weiteres zuzugeben, daß lange nicht jeder homosexuelle Mann und jede homosexuelle Frau so lieben kann wie Claudine Anderson. Die meisten homosexuellen Liebesformen spielen sich in einem beträchtlich engeren menschlichen Raum ab, manche viel einseitiger auf ein sinnlich-sexuelles, »materialhaftes« Niveau eingeschränkt, andere verstiegen in eine schwärmerische Zärtlichkeit oder in die ätherische Welt der Phantasien — grundsätzlich genau so, wie es auch bei den heterosexuellen Liebesarten der Fall zu sein pflegt. Manchmal prägt sich ferner in der Erscheinungsgestalt homosexueller Männer von allen Verhaltensmöglichkeiten des weiblichen Wesens mehr das mütterlich Sorgende, bei andern mehr das weiblich Empfangende aus, wie bei gewissen homosexuellen Frauen auch etwa das väterlich Beschützende mehr als das männlich Eindringende in Erscheinung tritt. Doch selbst diese Variationen lassen sich »mutatis mutandis« oft genug ebenso bei heterosexuellen Partnereinheiten finden. Wir halten es deshalb nicht für angezeigt, diese Spielarten in Objekt-Homoerotiker und Subjekt-Homoerotiker zu trennen und diesen Gruppen regelmäßig sogar bestimmte prognostische Unterschiede zuzuordnen, wie FERENCZI es vorschlägt [78].

[78] S. FERENCZI: Zur Nosologie der männlichen Homosexualität, Int. Zschr. f. Psychoanalyse, Bd. 2 (1914).

Selten sind weiterhin ihrer leiblichen Organisation nach weiblich zu nennende Menschen im gefühlsmäßig-geistigen Bereich ihrer Existenz so eindeutig und einheitlich männlich geartet, wie es Claudine Anderson war, und homosexuelle Männer entsprechend eindeutig weiblich. Viel häufiger treten in ein und derselben Individualität männliche und weibliche Beziehungsweisen in ungemein komplizierten Mischungen in Erscheinung. Auch dies gilt jedoch für viele Menschen, die, von ihrer physischen Genitalstruktur aus gesehen, heterosexuelle Partner wählen. Erstaunlich ist nur bei heterosexuellen und bei homosexuellen Liebespartnerschaften, wie relativ oft und mit welcher Instinktsicherheit die Menschen den bezüglich des Wesensverhältnisses »männlich-weiblich« genau reziproken Partner zu finden wissen, so, als wollten diese Partnerschaften ganz besonders eindringlich die Ergänzung zu einer möglichst umfassenden Versammlung mann-weiblichen Sich-verhalten-Könnens als den letzten Sinn und das eigentliche Ziel aller gegengeschlechtlichen Liebe dokumentieren. Dabei kann es sogar geschehen, daß der »Mann« faktisch nur noch hinsichtlich seiner anatomisch-funktionellen Genitalität »männlich«, die Frau dementsprechend nur noch ihren körperlichen Geschlechtsorganen nach »weiblich« ist, geistig gefühlsmäßig jedoch beide in ihrer Liebeseinheit genau die umgekehrte Rolle spielen. In solchen Liebesbeziehungen offenbaren sich dann mit besonderer Deutlichkeit die einsichtsbehindernden Grenzen einer Klassifizierung, die die Homo- und Heterosexualität ausschließlich der körperlichen Struktur entsprechend bestimmt.

Freilich werden solche Wesensverhältnisse namentlich »innerhalb« homosexueller Liebeseinheiten nicht immer erkennbar, wenn man sich durch Fassadenhaltungen täuschen läßt. »Homosexualität« diffamiert eben, wenigstens in unserem heutigen Kulturkreis. Und diese Diffamierung ist so schwerwiegend, weil sie gewiß nicht nur einer äußerlich gesellschaftlichen oder zweckhaft staatlichen Quelle entstammt, wie es die Homosexuellen selbst so gerne wahr haben möchten. Vielmehr hat uns gerade die Liebe der Claudine Anderson sehen lassen, wie sehr doch die homosexuelle Liebe auch in ihrer hochentfalteten Gestalt wesensmäßig eine Beeinträchtigung im Austragenkönnen des liebenden Miteinanderseins bedeutet. Sie ist dies insofern, als die besonders starre Schranke der leiblichen Genitalorgane einer vollen menschlichen Liebeseinung, die auch die leiblichen Existenzbereiche einbeziehen können muß, widersteht. Zwangsläufig versagt diese Schranke, diese »leibliche Mißbildung« den Homosexuellen im Daseinsbereich des Leibes dann auch das jeder echten Liebeseinung immanente schöpferische Bildungsvermögen, so sehr homosexuelle Menschen den Ausfall der Kinderzeugung auch oft auf geistig-kulturellem Gebiet wettzumachen vermögen. Ahnungsvoll fürchtet deshalb Claudine, es könnte ihr der Leib ihrer Freundin diese körperliche Unfruchtbarkeit als männlich zeugendes Wesen nicht verzeihen. Die letzten Endes stets auf einer solchen, die Homosexualität fundierenden Einengung der menschlichen Möglichkeiten beruhende, »moralische« Verurteilung dieser Perversion bringt es dann mit sich, daß Homosexuelle oft ihr wahres Wesen hinter überkompensatorisch gegenteiligen äußeren Allüren verbergen. Instruktiv ist in dieser Beziehung das Geständnis ULRICHS, des ersten bedeutenden Wortführers der Homosexuellen, der zugab, »innerlich entschieden weiblich zu sein«, obgleich er in seinem Auftreten der gesamten Umgebung als besonders männlich erschien [79].

Gewiß haben wir mit unseren drei homosexuellen Menschen noch lange nicht den ganzen Gestaltreichtum dieser Perversionen umrissen. Schon sie aber lassen, wenn wir uns abschließend ihre so verschiedenen existentiellen Grundverfassungen noch einmal vergegenwärtigen, jene verdeckenden psychischen Schranken der Angst, der Scham und des Ekels, die wir bei den übrigen Perversionen aufzeigen konnten, als geradezu monoton erscheinen gegenüber der quali-

---

[79] Siehe M. HIRSCHFELD, a. a. O., S. 110.

tativen und quantitativen Mannigfaltigkeit an Weltverenge-
rungen, die den homosexuellen Liebesbeziehungen zugrunde
liegen. Zwar finden wir am einen Ende unserer Dreierreihe
von Homosexuellen auch nur die Schranken der Angst und
des Hasses wie dort. Indessen dehnen sie sich bei Bruna
Tedeschi weit über den leiblichen Geschlechtspol der gegengeschlechtlichen Mitmenschen und näheren Umgebung aus und
belegen die ganze leibliche und geistige gegengeschlechtliche
Existenz mit Beschlag. Am andern Ende, bei Claudine Anderson, handelt es sich dagegen lediglich um die relativ
umschriebene und existentiell periphere leibliche »Mißbildung«
der weiblichen Genitalanatomie, die sich als die ausschlag-
gebende »Enge« dem Austrag einer vollen Liebesbeziehung in
den Weg stellte und deretwegen man diese Beziehung eine
homosexuelle nennen mußte.

Aber auch in bezug auf das Durchbruchsmoment des liebenden Zusammenseinwollens durch dessen Einschränkungen
hindurch, diesen zweiten wichtigen und die besondere Form
vieler Perversionen mitbestimmenden Faktor, finden wir hier
innerhalb der einen Perversion der Homosexualität sämtliche
Variationen wieder, die wir in der Stufenleiter der andern
Perversionsformen fein säuberlich hatten auseinanderhalten
können. So gibt sich Josef Wernle, wie unser Fetischist und
unser Koprophiler, einfach zufrieden mit seiner »schizoiden«
Enge und ist ungetrübt beglückt mit der durch den noch
offenen Existenzbereich des gleichgeschlechtlichen Freundes her-
einströmenden halben Daseinsfülle der Liebe. Bei Bruna Tedeschi gelingt in ihrer voranalytischen Existenzverengung dem
vollen Liebenwollen bereits ein kleiner Vorstoß, jedoch nur
in Gestalt von Schuld- und Minderwertigkeitsgefühlen. Diese
lassen sie wenigstens ihren »minderen Wert« als unentwickelte
Persönlichkeit und ihre Schuld gegenüber ihrem potentiell
viel reicheren Dasein ahnen. Bei Claudine endlich treten die
Durchbrüche der Liebe der körperlichen Natur ihrer Daseins-
verengerung entsprechend zuerst in der technischen Form
der Phallusprothesen auf, mit denen sie ihre »weibliche Miß-

bildung« überwinden will, um dann schließlich mit dem Selbstmord, dem radikalsten und gewaltsamsten Druchbruch durch die Enge ihres Existierens zu enden.

VIII. Schlußbemerkungen

Wir gingen aus von der Gegenüberstellung der beiden einzigen psycho-pathologischen Forschungsrichtungen, die die sexuellen Perversionen unter einheitlichen Gesichtspunkten zusammenzufassen verstanden und zu einer geschlossenen Perversionstheorie gelangt waren: von der Konfrontation nämlich der psychoanalytischen und der sogenannten »anthropologischen« Betrachtungsweise. Von der psychoanalytischen Theorie S. FREUDS sagten wir, daß sie einfach die naturwissenschaftlich-vergegenständlichende, messende, rechnende Denkmethode der Körpermedizin in höchst konsequenter Art und Weise auf die sogenannten psychischen Erscheinungen des Menschen übertragen habe. Dadurch sei es ihr gelungen, diese psychischen Erscheinungen ebenfalls in einen dem somatischen analogen Organismus hineinzudenken und diesem supponierten psychischen Organismus wiederum in typisch physikalistischer Weise die hypothetische Konstruktion eines kunstvollen libidinösen Kräftespiels zuzuordnen. Dank dieser praktisch-therapeutisch ungemein handlichen und brauchbaren Libidokonstruktion vermochte sie alle Perversionen in uniformer Weise auf eine durch die Ängste des Ödipus- und Kastrationskomplexes verursachte Fehlentwicklung und Fehlzusammensetzung von sexuellen Partialtrieben zurückzuführen. Die großartige Einheitlichkeit und Geschlossenheit der psychoanalytischen Perversionstheorie hatte aber mit einem sehr weitgehenden Wirklichkeitsverlust und einer enormen Wirklichkeitsvergewaltigung erkauft werden müssen. Diese aber läßt sich auch dadurch nicht wieder aus der Welt schaffen, daß viele der naturwissenschaftlichen Theoretiker ihre abgezogenen Begriffe oft verabsolutieren, hypostasieren und die bloß »angenommenen« Dynamismen und Mechanismen für konkrete

Wesen halten und vergessen, daß sie lediglich der gegebenen Wirklichkeit zugeordnete Denkprodukte sind.

Den abstrakten Charakter der psychoanalytischen Theorie durchschauend, glaubten die sogenannten »anthropologischen« Psychopathologen, die ihre Impulse hauptsächlich von JASPERS und E. MINKOWSKI empfangen hatten, nur dann eine Psychologie und Psychopathologie im eigentlichen Sinne des Wortes schaffen zu können, wenn sie den Menschen nicht mehr vergegenständlichten, wenn sie überhaupt nicht mehr in naturwissenschaftlich-physikalistischer Art vom einzelnen psychologischen Faktum ausgingen, von ihm aus induzierten und damit zum vornherein das Wesentliche und Wirkliche ihres Forschungsgebietes: die menschliche Existenz ausklammerten. Sie kehrten deshalb zur Vorstellung von einer Subjektivität zurück. Ihr Verhängnis war, daß sie diesen ihren Grundbegriff völlig ungeklärt ließen.

An den speziellen Forschungsbereich der sexuellen Perversionen machten sich außerdem sämtliche der sich dieser neuen »anthropologischen« Betrachtungsweise bedienenden Untersucher aus der Perspektive einer »objektiven Weltorientierung« heran. Sie betrachteten die sexuell-perversen Phänomene gleichsam nur von außen. Damit machten sie sich nun ihrerseits wieder einer schwerwiegenden Vernachlässigung der Liebe schuldig, die vorher die psychoanalytische Theorie sehr wohl beachtet, sie allerdings in ganz unzulässiger Weise auf die Sexualität reduziert hatte, indem sie die Triebhaftigkeit überhaupt verabsolutierte. So wurden alle »anthropologischen« Perversionsforscher, v. GEBSATTEL, E. STRAUS, H. KUNZ und zum Teil auch O. SCHWARZ zu einer »Deformations-Theorie« der sexuellen Perversionen verführt. Diese will in völlig unerklärlicher und paradoxer Weise die sexuelle Erregung, die als leiblich-sinnliches Austragungsphänomen der Liebe wesensmäßig in deren schöpferisches, verschmelzendes, einheitsstiftendes Miteinanderseins hineingehört — auch noch in den defizienten Gestalten der perversen Sexualität — ausgerechnet durch destruktive Impulse mit deren gerade entgegengesetzten

Bedeutungs- und Sinngehalt bewirken lassen. Bezeichnenderweise fanden wir denn auch diese Theorie bereits durch die konkreten Beobachtungen gleich ihres ersten Verfechters, obzwar von ihm selbst noch unerkannt, aufs schärfste widersprochen.

Wir sahen uns deshalb schon durch diese Beobachtungen v. GEBSATTELS und erst recht durch unsere eigenen Erfahrungen zur Erkenntnis gezwungen, daß das Liebesphänomen, selbst wenn es pervers defizienter Art ist, offenbar nicht genügend verstanden und beschrieben werden kann, wenn es nicht auch und zuallererst aus der »Liebeswirklichkeit« (v. GEBSATTEL), aus dem liebenden Miteinandersein zweier gegengeschlechtlicher Existenzen heraus begriffen wird.

Unter diesem Gesichtspunkt versuchten wir in der vorliegenden Arbeit acht Menschen, welche die verschiedensten Perversionsformen aufwiesen, »daseinsanalytisch« darzustellen. Wir haben aus unserem gesamten Erfahrungsmaterial aus drei Gründen gerade diese acht Kranken ausgewählt. Einmal befähigte sie eine besondere Begabung zu psychologischer Introspektion und zu sprachlicher Formulierung, ihr perverses Liebeserleben präziser und vollständiger auszudrücken als alle andern Fälle unserer Beobachtung. Des weiteren nahmen wir der Übersichtlichkeit und Darstellbarkeit zuliebe Bedacht darauf, daß unsere Beispiele relativ »reine« Perversionen veranschaulichten, während natürlich wie überall die große Mehrzahl der faktisch vorkommenden Perversionen alle möglichen Misch- und Übergangsformen darstellen. Und schließlich trachteten wir danach, die Repräsentanten der Hauptgruppen aller Perversionen zu Worte kommen zu lassen, so daß sich die Untergruppen der Perversionsformen, etwa Zopfabschneider, Transvestiten und Pädophile, wie von selbst in die Reihe unserer Fälle und in das durch sie gewonnene Verständnis einfügen.

Die daseinsanalytische Erforschung unserer Patienten brachte uns nun in erster Linie zum Bewußtsein, daß das psychopathologische Symptom einer sexuellen Perversion in seinem

Wesen niemals als eine isolierte Einzelerscheinung zu verstehen ist. Immer kann es nur als ein ontischer, faktischer, defizienter Vollzugsversuch des ontologisch verstandenen, das heißt als Wesenszug des Menschen begriffenen primären Mit-Seins gesehen werden. Samt und sonders erweist sich innerhalb dieses Verstehenshorizontes das sexuell perverse Verhalten unserer Kranken als die Austragungsphänomene eines Widerspruches zwischen dem liebenden Miteinandersein zweier Menschen und einem ihnen adressierten oder aus konstitutionellen Gründen aufgezwungenen Weltverhältnisses, in dessen Licht die begegnenden Dinge und Mitmenschen nur als betont widerständige, begrenzte, starre, verkrustete, ferne Erscheinungen sich zeigen konnten. In Beziehung zu den so verengt vernommenen Dingen und Mitmenschen konnten sich die Kranken auf ein liebendes Miteinandersein im Bereiche ihrer Leiblichkeit und Sinnlichkeit nur in Ausschnitten und Peripherien der mitmenschlichen Partner oder nur nach gewaltsamen Durchbruchsversuchen durch deren als übermäßig starre Schranken wahrgenommene Konturen hindurch bis zu einem gewissen Grade doch noch einlassen.

Wir müssen daher der Auffassung von O. Schwarz[1] grundsätzlich widersprechen, wenn er meint, daß zwischen der psychophysischen Struktur eines Menschen und seiner Perversion »gar keine« Beziehung bestehe, daß nicht selten »schwere Perversionen wie ein Fremdkörper inmitten einer völlig normalen Persönlichkeit« stehen. Selbst für jene Fälle, auf die sich dieser Autor dabei hauptsächlich beruft, auf die nämlich, die nur zeitweise sexuell-pervers sind, halten wir diese Beschreibung für falsch. Denn diese zeichnen sich vor den dauernd perversen Menschen lediglich dadurch aus, daß sich bei ihnen aus inneren oder äußeren Gründen das auch den Bereich der Leiblichkeit umfassende liebende Miteinandersein zu Zeiten besser als in anderen Phasen ihres Lebens gegenüber ihrem auf Beengt- und Ängstlich-Sein verstimmten

---

[1] Sexualpathologie, S. 227.

Weltverhältnis in normaler Weise durchzusetzen vermag.

Diese Einsichten in das Wesen, in Sinn und Gehalt der sexuellen Perversionen scheinen uns nicht bloß von einiger theoretisch-wissenschaftlicher Bedeutung zu sein, sondern mehren zweifellos auch unsere praktisch-therapeutischen Wirkungsmöglichkeiten. Zwei der angeführten Fälle mußten das am eigenen Leibe erfahren: Sie begannen beide ihre Psychoanalyse, bevor uns die daseinsanalytische Betrachtungsweise vertraut war. Das Menschenverständnis der klassischen psychoanalytischen Theorie jedoch blieb ihnen erlebnismäßig völlig unzugänglich. Dementsprechend wirkungslos blieb auch die Behandlung. Erst von dem Zeitpunkt ab, da wir selbst die konkreten, ontisch feststellbaren sexuellperversen mitmenschlichen Verhaltensweisen im Horizonte der fundamental ontologischen Bestimmung des In-der-Welt-Seins und Mitseins im Sinne von HEIDEGGERS Daseinsanalytik verstanden hatten, war es uns möglich geworden, auch unsere Patienten die perverse Widersprüchlichkeit ihres ganzen Existierens mit jener Evidenz und namentlich mit jener Erschütterung erleben zu lassen, die jeweilen auch schon die Überwindung einer neurotischen Verstümmelung einzuleiten pflegt.

Den theoretischen Wert unserer Betrachtungsweise glauben wir schließlich nicht zuletzt darin erblicken zu dürfen, daß sie sowohl die psychoanalytische Perversionstheorie wie auch die bisherige »anthropologische« Wesensschau sich ein- und unterzuordnen, sie in ihre Grenzen zu verweisen und ihnen beiden damit zugleich erst Grund und Boden zu geben vermag.

So ließen erst unsere daseinsanalytischen Untersuchungen die die psychopathologischen Phänomene fundierende Struktur des perversen Existierens erkennen, seine Verfassung zeichnen und seinen Spielraum ermessen. Und nur das Wissen um das in je besonderer Weise und in besonderem Umfange »verstimmte« Weltverhältnis der verschiedenen perversen Menschen erlaubt uns, überhaupt zu verstehen, wieso die von der Psychoanalyse als ubiquitär erkannten Ödipus- und

Kastrationskomplexe, die eine Verstimmung auf die beengende und begrenzende Grundbefindlichkeit der Angst zur Folge haben, bald die Entwicklung einer »normalen« Persönlichkeit, bald einer hysterischen Psychoneurose, bald einer sexuellen Perversion mitbestimmen können. Die klassische psychoanalytische Theorie dagegen vermochte bekanntlich nicht weiter zurückzugehen als bis auf die Gegebenheit dieser Komplexe schlechthin, die sie denn auch in unspezifischer und gleichförmiger Weise allen psychoneurotischen Störungen zugrunde legen mußte. Deshalb darf man sagen, es gelinge der daseinsanalytischen Betrachtungsweise, den unbestimmbaren, aber wohl nie ganz zu eliminierenden Begriff der sogenannten Konstitution auf dem Gebiete der sexuellen Perversionen noch etwas mehr einzuengen, als es der psychoanalytischen Theorie bisher möglich war.

Die »anthropologischen« Theorien andererseits stellten bei allen sexuellen Perversionen die Zerstückelung, die Deformation, die aggressiven Impulse als deren eigentlichen und alleinigen »Lebensnerv« hin; als das, was die sexuelle Erregung bei ihnen zentral bewirke. Damit machten jedoch auch sie sich – wie wir sahen – ebenso wie die psychoanalytische Theorie einer Verabsolutierung eines bloßen Teilphänomens dieser Leiden schuldig. Bei ihnen ist es nur die Verabsolutierung eines ganz anderen Teilaspektes: der um- und mitweltlichen, peripheren Praktiken der Perversen nämlich, die lediglich Mittel zum Zweck sind.

Ein derartiges Vorgehen hatte die diesen »anthropologischen« Theorien von da an anhaftende rätselhafte Paradoxie zur Folge, daß ausgerechnet destruktive Impulse eine »sexuelle Erregung« hervorbringen können sollen. In daseinsanalytischer Sicht fällt diese Paradoxie von selbst in sich zusammen. Sie läßt sehen, daß auch bei den sexuell perversen Menschen keineswegs die Liebe »verrückt« ist – auch nicht in ihrem Austragungsbereich der sinnlich-sexuellen Lusterfahrung. Keineswegs sind es die leiblich-sinnlichen Erscheinungen der sogenannten sexuellen Erregung, die sich plötzlich in ein

Ausdrucksphänomen von deformierenden, nichtenden Tendenzen verwandeln. Alle derartigen Gewaltsamkeiten sind samt und sonders lediglich Manipulationen, zu denen sich bei den sexuell-perversen Menschen das liebende Miteinandersein gezwungen sieht, um sich trotz der in pathologischer Weise auf das Wahrnehmen von Widerständigkeiten und Distanz eingeschränkten Sicht dieser Kranken so gut wie möglich doch noch in die Welt zu bringen.

Damit haben uns aber letzten Endes die sexuellen Perversionen als Frucht unserer daseinsanalytischen Untersuchungen nur eine besonders überzeugende Bestätigung eines kleinen, aber um so bedeutenderen Nebensatzes in den »Drei Abhandlungen zur Sexualtheorie« FREUDS eingetragen. Wir meinen jenen Ausspruch, in dem — wie es so oft in seinen Nebenbemerkungen geschieht — FREUDS geniale Menschlichkeit und seine unerhörte Beobachtungsgabe seine mechanistisch-naturwissenschaftlich beengte Theorie haushoch überragt. Sie ließen ihn von den sexuellen Perversionen sagen, daß »die Allgewalt der Liebe sich vielleicht nirgends stärker als in diesen ihren Verirrungen zeige.«[2]

IX. Nachwort zur dritten Auflage

Nicht lange nach dem Erscheinen der 2. Auflage der vorstehenden Schrift hatte der entschiedenste Vertreter der sogenannten »anthropologischen Perversions-Theorie«, v. GEBSATTEL, unsere Kritik an seiner Auffassung eines eigenen Entgegnungs-Kapitels in seinen 1954 erschienenen »Prolegomena einer medizinischen Anthropologie« gewürdigt. Mit Scharfblick erkannte er dort, daß »der Streit um die Richtigkeit der daseinsanalytischen oder der anthropologischen Theorie genauer der um den *Symbolwert* der in ihrer Sonderstruktur voll erfaßten oder nicht voll erfaßten perversen Akte« sei (Seite 218).

---

[2] Drei Abhandlungen zur Sexualtheorie, Ges. Schr., Bd. V, S. 35, Wien, Leipzig, Zürich.

Mit nichts anderem jedoch als mit diesem »Argument«, das einen in den perversen Akten angeblich enthaltenen *Symbolwert* über die Richtigkeit oder Unrichtigkeit seiner Auffassung entscheiden lassen will, hätte v. GEBSATTEL schlagender beweisen können, wie wenig er sich bei seiner Theorie an die von den Kranken erfahrenen Phänomene selbst und an die diesen wesensmäßig zugehörigen und sie recht eigentlich ausmachenden Bedeutungsgehalte und Verweisungszusammenhänge hält. Denn was ist der sogenannte *Symbolwert* einer Sache je anderes als jener intellektuell-emotionale Gehalt, den der Betrachter der sogenannten reinen Tatsächlichkeit eines Phänomens noch zusätzlich von sich aus und aus *seiner* »unbewußten Psyche« heraus »psychologisch« zuschreibt und hinzufügt? In einem derartigen »symbolischen« Vorgehen läßt sich die ganze unüberbrückbare Kluft zwischen allen subjektivistisch-anthropologischen Theorien und der besonderen Zugangsart einer daseinsanalytisch-phänomenologischen Menschenkunde mit Händen greifen. Nichts aber ist vorzüglicher dazu geeignet, die daseinsanalytisch-phänomenologische Untersuchungsmethode, die die vorliegende Schrift überhaupt erst möglich machte, sie ständig durchwaltet und in allen Einzelheiten bestimmt, in ihr eigenes Wesen einzugrenzen und sie als das, was sie ist und sein will, zum Vorschein kommen zu lassen, als ein Deutlichmachen gerade dieser Kluft, die sie von allen »anthropologischen« Theorien trennt. Darum sei als Erstes die Kennzeichnung sogenannter symbolischer Werte und Gehalte angeführt, wie wir sie M. HEIDEGGER verdanken.

In seinem Aufsatz »Bauen, Wohnen, Denken« beschreibt HEIDEGGER, um an einem Beispiel den einem Ding selbst zugehörigen Reichtum an Bedeutungsgehalten sichtbar werden zu lassen, eine Brücke. Er erwähnt dabei u. a.: »Die Brücke schwingt sich ›leicht und kräftig‹ über den Strom. Sie verbindet nicht nur schon vorhandene Ufer. Im Übergang der Brücke treten die Ufer erst als Ufer hervor. Die Brücke läßt sie eigens gegeneinander über liegen. Die andere Seite ist durch die Brücke gegen die eine abgesetzt. Die Ufer ziehen auch nicht als gleichgültige Grenzstreifen des festen Landes den Strom entlang. Die Brücke bringt mit den Ufern jeweils die eine und die andere Weite der rückwärtigen Uferlandschaft an den Strom. Sie bringt Strom und Ufer und Land in die wechselseitige Nachbarschaft. Die Brücke *versammelt* die Erde als Landschaft um den Strom. So geleitet sie ihn durch die Auen. Die Brückenpfeiler tragen, aufruhend im Strombett, den Schwung der Bogen, die den Wassern des Stromes ihre Bahn lassen ... Die Brücke läßt dem Strom seine Bahn und gewährt zugleich den Sterblichen ihren Weg, daß sie von Land zu Land gehen und fahren. Brücken geleiten auf mannigfache Weise. Die Stadtbrücke führt vom Schloßbezirk zum Domplatz, die Flußbrücke vor der Landstadt bringt Wagen und Gespann zu den umliegenden Dörfern. Der unscheinbare Bachübergang der alten Steinbrücke gibt dem Erntewagen seinen Weg von der Flur in das Dorf, trägt die Holzfuhre vom Feldweg zur Landstraße. Die Autobahnbrücke ist eingespannt in das Liniennetz des rechnenden und möglichst schnellen Fernverkehrs. Immer und je anders geleitet die Brücke hin und her die zögernden und die hastigen Wege der Menschen, daß sie zu anderen Ufern und zuletzt als die Sterblichen auf die andere Seite kommen. Die Brücke überschwingt bald auf hohen, bald in flachen Bogen Fluß und Schlucht; ob die Sterblichen das Überschwingende der Brückenbahn in der Acht behalten oder vergessen, daß sie, immer schon unterwegs zur letzten Brücke, im Grunde danach trachten, ihr Gewöhnliches und Unheiles zu übersteigen, um sich vor das Heile des Göttlichen zu bringen. Die Brücke *sammelt* als der überschwingende Übergang vor die Göttlichen. Mag deren Anwesen eigens bedacht und sichtbarlich *bedankt* sein wie in der Figur des Brückenheiligen, mag es verstellt oder gar weggeschoben bleiben.«

Nach solcher Erfassung der Brücke in ihrem eigenen und vollen Bedeutungs- und Verweisungszusammenhang ist es für

HEIDEGGER ein Leichtes, den »symbolischen« Irrtum der heute geläufigen Psychologien zu korrigieren. Er fährt an der nämlichen Stelle fort: »Man meint freilich, die Brücke sei zunächst und eigentlich *bloß* eine Brücke. Nachträglich und gelegentlich könne sie dann auch noch mancherlei ausdrücken. Als ein solcher Ausdruck werde sie dann zum Symbol, zum Beispiel für all das, was vorhin genannt wurde. Allein die Brücke ist, wenn sie eine echte Brücke ist, niemals zuerst bloße Brücke und hinterher ein Symbol in dem Sinn, daß sie etwas ausdrückt, was, streng genommen, nicht zu ihr gehört. Wenn wir die Brücke streng nehmen, zeigt sie sich nie als Ausdruck. Die Brücke ist ein Ding und *nur dies* ... Unser Denken ist freilich von altersher gewohnt, das Wesen des Dinges *zu dürftig* anzusetzen. Dies hat im Verlauf des abendländischen Denkens zur Folge, daß man das Ding als ein unbekanntes X vorstellt, das mit wahrnehmbaren Eigenschaften behaftet ist. Von da aus gesehen erscheint uns freilich alles, *was schon zum versammelnden Wesen dieses Dinges gehört,* als nachträglich hineingedeutete Zutat.«[1]

Grundsätzlich genau so wie bei den »psychologischen Symbolisierungen« einer Brücke entspringt auch das Suchen nach dem »Symbolwert«, der nach Meinung anthropologischer Psychopathologen von den sexuell perversen Menschen ihrem geschlechtlichen Verhalten geheimerweise zugelegt werden soll, dem zu dürftigen Ansetzen des Wesens eben dieses Verhaltens selbst. Lassen wir dieses nur immer selbst durch den Mund der Kranken zu uns sprechen, kündet es uns seinem eigenen grundlegenden Wesen nach — wie alles sexuelle Verhalten überhaupt — nie von Nihilismus und Zerstörung, sondern stets von Weitung, Einung, Mehrung, von Überwindung alltäglicher Konturen.

An zweiter Stelle dürfen wir uns damit begnügen, auf

---

[1] M. HEIDEGGER: Vorträge und Aufsätze. Pfullingen, 1954, S. 153 ff. Zur Kritik am psychologischen Symbolbegriff siehe ferner: M. BOSS: Der Traum und seine Auslegung. Bern und Stuttgart, 1953, S. 96 ff.

jene Ausführungen von G. Condrau zu verweisen, durch die uns dieser Autor die Kritik an der Kritik von v. Gebsattel bereits 1965 vorweg- und abgenommen hat[2].

Condrau schreibt, unseres Erachtens mit vollem Recht, »In gewisser Weise näher als Kunz steht der Daseinsanalyse von Boss der »anthropologische« Psychiater V. E. v. Gebsattel. Allerdings hat auch er manches an der daseinsanalytischen Betrachtungsweise auszusetzen. Seine Kritik richtet sich insbesondere gegen das daseinsanalytische Verstehen des Wesens und des Sinngehaltes der sexuellen Perversionen. In diesem Bereiche erscheint ihm »eine Revision der daseinsanalytischen Theorie . . . geboten«[3]. Wenn Boss auch noch in den perversen Kümmer- und Verstümmelungsformen, meint v. Gebsattel ferner, eine eindeutige Manifestation der Liebe sehe, so mute diese Einschätzung von Geschlechtsverkehr und Orgasmus naiv an und repräsentiere fraglos den schwachen Punkt der neuen, daseinsanalytischen Perversionstheorie[4].

Der naiv geheißenen Qualifizierung von Boss stellt v. Gebsattel seine eigene »anthropologische« Deutung entgegen, die in allen sexuellen perversen Akten den »*Zug und Hang zum Bösen* — oder wenn wir in einer anthropologischen Betrachtungsweise diese moral-theologisch klingende Wendung vermeiden wollen — *den nihilistischen Grundzug der menschlichen Natur*« erkennen will. Boss wird vorgeworfen, er übersehe einfach, daß es im Menschen auch »eine libidinöse Lust am Zerstören, an der Destruktion als solcher« gebe und daß sich diese überall in den sexuellen Perversionen symbolisch zum Ausdruck bringe[5].

Ganz so fraglos, wie es sich v. Gebsattel wünscht, wird indessen kaum ein Kenner der Sache diese Behauptung des Kritikers übernehmen. »Naiv« wird sich Boss freilich gerne

---

[2] G. CONDRAU: Die Daseinsanalyse von Medard Boß und ihre Bedeutung für die Psychiatrie. Bern und Stuttgart, 1965, S. 80 ff.
[3] V. GEBSATTEL: »Prolegomena einer medizinischen Anthropologie«, Berlin, Göttingen, Heidelberg, 1954, S. 220.
[4] loc. cit. S. 217.
[5] loc. cit. S. 219.

nennen lassen, wenn v. GEBSATTEL darunter eine Betrachtungsweise versteht, die bei den Bedeutungsgehalten und Verweisungszusammenhängen der einem Menschen begegnenden Phänomene verweilen will, so wie sie sich von diesen selbst her unversehrt und unmittelbar zeigen und vernehmen lassen. Bei diesem seinem Bemühen um einen phänomenologischen Zugang zu den Dingen weiß sich nämlich BOSS frei von der Schuld an der durch keine ausweisbaren Momente gerechtfertigten Degradierung des Betrachteten zu etwas Uneigentlichem, bloß »symbolisch« Ausgedrücktem, wie es notwendigerweise der »anthropologischen« Deutung v. GEBSATTELS innewohnt. Denn indem v. GEBSATTEL nach einem hintergründigen »Symbolwert« der sexuell perversen Akte fragt, läßt er diese zum vornherein immer zu etwas nur noch Abgeleitetem werden, abgeleitet eben von irgendwelchen hinter den Phänomenen angenommenen, ihnen unterstellten, aus ihnen nur gedanklich erschlossenen Strebungen, »Zügen« und »Hängen«. Wo immer jedoch zwischen zwei Sachen ein derartiges Ausdrucksverhältnis hineingedacht wird, bleibt seiner eigentlichen Natur nach sowohl das Sich-ausdrückende wie das Ausgedrückte dunkel [6].

Die »naive«, unmittelbare Selbsterfahrung aller bisher von BOSS und seinen Schülern während Monaten und Jahren psychoanalytisch beobachteten sexuell perversen Menschen hat aber ausnahmslos weder die Patienten selbst noch ihre Analytiker je einen urständigen »Hang zum Bösen« oder einen »nihilistischen Grundzug der menschlichen Natur« in Zusammenhang mit dem krankhaften Verhalten direkt erkennen lassen. Vielmehr wurde auch von diesen Kranken das sexuelle Erleben bis hinauf zum Orgasmus stets und ausschließlich innerhalb des Bedeutungsgehaltes eines Überwindens von Schranken, eines »Über-sich-selbst-hinaus« erfahren, wenn ihnen dabei ebenso ausnahmslos auch noch so vieles an erlö-

---

[6] Vgl. M. BOSS: Einführung in die psychosomatische Medizin. Bern und Stuttgart, 1954, S. 87.

sender Befreiung und Weitung fehlte, die einem normgemäßen Liebesakt innezuwohnen pflegt. Dies aber heißt mit anderen Worten, daß jeder einzelne perverse Sexualakt keineswegs etwas qualitativ ganz anderes als ein normgemäßes
Lieben ist, sondern lediglich dessen *privative* Erscheinung darstellt. Eine Privation aber ist grundsätzlich alles andere als
die Verneinung dessen, dem etwas »geraubt« wurde, dem
etwas fehlt. Schon gar nicht wird zufolge einer Privation
ein Phänomen in seinem Sinn und Gehalt in sein Gegenteil
verkehrt. Vielmehr verweist jedes privative Phänomen erst
recht auf den vollen Bedeutungsgehalt der unversehrten Erscheinung. So ist jeder Schatten zum Beispiel durchaus nicht
das Gegenteil von Helle. Dem Schatten fehlt nur etwas an
Helle. Gerade dank dieses seines privativen Charakterzuges
gehört deshalb auch jeder Schatten in den Bedeutungsgehalt
»Helligkeit« hinein [7].

Wenn v. GEBSATTEL die überaus sorgfältigen konkreten
Krankenbeobachtungen von BOSS dadurch entwerten will, daß
er die dargestellten Fälle als nicht voll perverse, nicht voll
triebanormale Psychopathen bezeichnet, ist dieser Einwand
leicht abzuwehren. Mit Ausnahme von zwei seiner angeführten sexuell perversen Kranken waren nämlich alle übrigen
von berufener klinisch-psychiatrischer Seite als voll triebanormale Psychopathen klassifiziert worden. Soll deshalb dieser
Einwand v. GEBSATTELS von Gewicht werden, muß der Kritiker schon konkrete Krankengeschichten gleich sorgfältig un-
tersuchter sexuell Perverser vorlegen, deren Selbsterfahrung
die von v. GEBSATTEL erschlossene »Symboldeutung« unmittelbar erkennen lassen.

Bisher jedoch finden wir in v. GEBSATTELS Kritik anstelle
konkreter, direkter Belege in Form von Selbsterfahrungen
sexuell perverser Menschen nur die Behauptung, es bedürfe
eben zur Annahme seiner »anthropologischen Perversions-

---

[7] Vgl. Protokoll des HEIDEGGER-BOSS-Seminars vom 21. Ja-
nuar 1961 in Zollikon-Zürich.

theorie« des »Standpunktes einer Anthropologie«, die das Bild des Menschen anderen Kategorien unterstellt als den von Boss entwickelten.

Die Stichhaltigkeit dieses zweiten »Argumentes« gegen das daseinsanalytische Verstehen der sexuellen Perversionen bedenkt man mit Vorteil auf Grund jener Ausführungen HEIDEGGERS über das Wesen der neuzeitlichen Anthropologien ganz im allgemeinen, die im Aufsatz »Die Zeit des Weltbildes« zu lesen sind[8]. Sie beginnen mit dem Hinweis darauf, daß in allen heutigen Anthropologien jene philosophische Deutung des Menschen geschehe, die vom Menschen aus und auf den Menschen zu das Seiende im Ganzen erkläre und abschätze. Diese Kennzeichnung wird später noch folgendermaßen erläutert: »Anthropologie ist jene Deutung des Menschen, die ja im Grunde schon weiß, was der Mensch ist und daher nie fragen kann, wer er sei. Denn mit dieser Frage müßte sie sich selbst als erschüttert und überwunden bekennen. Wie soll dies der Anthropologie zugemutet werden, wo sie doch eigens und nur die nachträgliche Sicherung der Selbstsicherheit des Subjectum zu leisten hat?«

In der Tat weiß auch v. GEBSATTEL schon zum vornherein, daß der Mensch einen primären Zug und Hang zum Bösen, zum Sündigen und zum Nichts besitzt und daß ihm die Befriedigung dieser destruktiven Bedürfnisse ebenso wie die der erotischen Strebungen eine »libidinöse Lust« zu bringen vermag. Würde nämlich die Anthropologie und Moraltheologie v. GEBSATTELS dies alles nicht schon voraussetzen, könnte er gewiß nicht seine Kritik an Boss durch die Anekdote krönen und ihr gar die Schlüsselgewalt zum Aufschließen des Geheimnisses der sexuellen Perversionen zutrauen, die im Folgenden wiedergegeben sei. Sie stammt — so vermutet v. GEBSATTEL — nicht von ungefähr aus den Kreisen des letzten großen französischen Pessimisten und Moralisten Cham-

---

[8] M. HEIDEGGER: »Holzwege«. Frankfurt a. M., 1950, pp. 86 und 103.

fort, der 1794 Suizid beging. Er referiert sie folgendermaßen: »Es handelt sich um eine liebenswürdige, aber wohl irgendwie leicht verderbte, junge Dame. Sie verschafft sich in einer heißen Gegend — sagen wir Neapel — den Genuß eines Fruchteises. Ein Seufzer entringt sich ihr beim Schlürfen der Kühlung spendenden Speise, aber zu diesem Seufzer bewegt sie nicht der unmittelbare Genuß, sondern seinen eigentlichen Sinn verrät ihr Ausruf: »Ah! Quel dommage, que ce n'est pas un péché.« »Also«, schließt v. GEBSATTEL sogleich daraus, »der Kühlung spendenden Köstlichkeit fehlt etwas, um zum Vollgenuß zu werden; etwas entbehrt unsere junge Freundin offenbar; den sündigen Einschlag nämlich ihres Genusses; dieser erst, dieses moralische oder besser: unmoralische Element, mittels dessen die sinnliche Unmittelbarkeit der Welteinung überstiegen würde, wäre erst, so bekundet ihr Seufzer, des sinnlichen Genusses eigentliche Würze«[9].

Wie aber, wenn diese junge Dame gar nicht so verderbt und unmoralisch, wenn sie nur ein besonders lebensvolles Mädchen gewesen wäre? Wie, wenn beim Eis-Essen das Fehlen vitalitätshemmender, pseudo-moralischer Sünden-Schranken Schuld an dem Mangel an Genuß gehabt hätte, und zwar deshalb, weil damit auch die Möglichkeit eines Überwindens und Durchbrechens solcher Schranken fehlte? Wir wissen ja zur Genüge, daß eine ganze Menge bigottester Prüderie-Schranken das Leben der damaligen jungen Mädchen eingekerkert hielt. Mit welchem Recht würde dann aber v. GEBSATTEL die Lust nach einem Übersteigen und Durchbrechen solcher Fesseln einen Hang zum Bösen, zur Destruktion und zum Nichts heißen dürfen? Könnte dieses Mädchens Wunsch nach »Sündigen« nicht viel angemessener denn als »Nihilismus« als eine unmittelbar lustvolle Bewegung gerade auf »Welteinung«, auf Selbstbefreiung und auf Zulassen konventionell verbotener, aber ihrem eigensten Wesen zugehöriger Lebensmöglichkeiten hin verstanden werden?

---

[9] v. GEBSATTEL: loc. cit. S. 220.

Medard Boss

Prof. Dr. med., Zürich

Grundriss der Medizin

Ansätze zu einer phänomenologischen Physiologie, Psychologie, Pathologie und Therapie und zu einer daseinsgemässen Präventiv-Medizin in der modernen Industriegesellschaft.

1971, 600 Seiten, Leinen SFr. 57.–/DM 51.–

Der Autor hat in jahrelanger Arbeit die Grenze der naturwissenschaftlichen Forschungsmethode innerhalb der Medizin untersucht. Am Beispiel der an einem Patienten erhobenen Befunde wird nachgewiesen, dass die bisherigen »Krankheiten« gestörte Formen menschlichen Existierens sind. Es wird auf die Konsequenzen hingewiesen, die ein daseinsgemässerer, menschengerechterer Grundriss der Medizin für die Therapie zeitigt.

Durch Ihre Buchhandlung erhältlich

 Verlag Hans Huber
Bern Stuttgart Wien

»Geist und Psyche«
Kindlers
Akademische
Taschenbuchreihe

**In
KINDLERS AKADEMISCHER TASCHENBUCHREIHE
»Geist und Psyche« erscheinen die Schriften
namhafter Psychologen und Pädagogen.**

Naturwissenschaftliche Texte bei Kindler

Herausgegeben von Professor Fritz Krafft

CHARLES
DARWIN

Essay zur Entstehung der Arten

92 Seiten, DM 5,–

Die grundlegenden Ideen seines Hauptwerkes »Entstehung der Arten« skizzierte Darwin bereits in einem seiner frühen Essays. Eine geniale Arbeit, die durch die aphoristische Prägnanz der Darstellung besticht.

HERMANN
VON
HELMHOLTZ

Über die physiologischen Ursachen der musikalischen Harmonien

64 Seiten, DM 5,–

Diese 1857 gehaltene Vorlesung des letzten großen Universalgelehrten demonstriert die Zusammenhänge zwischen Musik einerseits, Physik und Physiologie andererseits.

IMMANUEL
KANT

Allgemeine Naturgeschichte und Theorie des Himmels

212 Seiten, DM 9,–

In dieser Abhandlung wird unser Sonnensystem zum ersten Mal als ein allmählich entstandenes und gemäß Newtonschen Gesetzen gewordenes dargestellt.

JOHANNES
KEPLER

Warnung an die Gegner der Astrologie

184 Seiten, DM 9,–

Ein Dokument Keplerscher Ideen und der geistig-wissenschaftlichen Situation am Vorabend des Dreißig-jährigen Krieges. Für Freunde und für Gegner der Astrologie.
